中美欧知识产权密集型产业报告

ZHONG MEI OU ZHISHICHANQUAN MIJIXING CHANYE BAOGAO

国家知识产权局

知识产权出版社
全国百佳图书出版单位

图书在版编目（CIP）数据

中美欧知识产权密集型产业报告/国家知识产权局主办. —北京：知识产权出版社，2017.7
ISBN 978 - 7 - 5130 - 4991 - 7

Ⅰ.①中… Ⅱ.①国… Ⅲ.①知识产权保护—研究报告—中国、美国、欧洲 Ⅳ.①D923.404
②D913.04

中国版本图书馆 CIP 数据核字（2017）第 150350 号

责任编辑：牛洁颖　　　　　　　　　　　　责任校对：潘凤越
译　　校：李　硕　高　佳　　　　　　　　责任出版：刘译文

中美欧知识产权密集型产业报告
国家知识产权局

出版发行：知识产权出版社 有限责任公司	网　　址：http：//www. ipph. cn
社　　址：北京市海淀区气象路 50 号院	邮　　编：100081
责编电话：010 - 82000860 转 8109	责编邮箱：niujieying@ sina. com
发行电话：010 - 82000860 转 8101/8102	发行传真：010 - 82000893/82005070/82000270
印　　刷：北京科信印刷有限公司	经　　销：各大网上书店、新华书店及相关专业书店
开　　本：787mm×1092mm　1/16	印　　张：15
版　　次：2017 年 7 月第 1 版	印　　次：2017 年 7 月第 1 次印刷
字　　数：260 千字	定　　价：45.00 元

ISBN 978 -7 -5130 -4991 -7

目　录

中国专利密集型产业主要统计数据报告 (2015)

国家知识产权局规划发展司　编写

2016 年 9 月

为落实《国务院关于新形势下加快知识产权强国建设的若干意见》的任务要求，国家知识产权局制定并发布了《专利密集型产业目录（2016）》（试行），包括 8 大产业，涵盖 48 个国民经济中类行业。基于该目录，国家知识产权局组织课题组，结合相关社会、经济、科技等统计数据，对专利密集型产业情况，尤其是其对社会经济的贡献度开展了统计分析。

统计显示，我国专利密集型产业经济拉动能力强，极具创新活力和市场竞争优势。2010～2014 年，我国专利密集型产业增加值合计为 26.7 万亿元，占 GDP 的比重为 11.0%，年均实际增长 16.6%，是同期 GDP 年均实际增长速度（8%）的两倍以上；专利密集型产业平均每年提供 2631 万个就业机会，以占全社会 3.4% 的就业人员创造了超过全国 10% 的 GDP，劳动者报酬占比为 9.4%；从盈利能力来看，专利密集型产业总资产贡献率五年平均为 15.4%，比非专利密集型产业高出 1.2 个百分点；从产品竞争力来看，专利密集型产业新产品销售收入占主营业务收入的比重为 20.7%，出口交货值占销售产值的比重是 19.3%，分别是同期所有工业产业平均水平的 1.8 倍和 1.7 倍；从创新投入来看，专利密集型产业研发经费投入强度（R&D 经费内部支出与主营业务收入的比重）达到 1.3%，远高于所有工业产业 0.7% 的平均水平。

一、对经济和就业的贡献

2010～2014 年，我国专利密集型产业增加值合计为 26.7 万亿元[1]，年均实际增长达到 16.6%，明显高于国内生产总值（GDP）的年均实际增长速度（8%）。从专利密集型产业对 GDP 的贡献来看，2010～2014 年专利密集型产业增加值占当期 GDP 的比重为 11.0%，由 2010 年的 9.2% 逐年增加至 2014 年的 12.5%，参见图 1-1。

从专利密集型产业对就业的贡献看，我国专利密集型产业平均每年可提供 2631 万个就业机会，占全社会年平均就业人员的比重为 3.4%。

从专利密集型产业的劳动者报酬看，我国专利密集型产业劳动者报酬占全社会劳动者报酬的比重呈上升态势。从专利密集型产业占 GDP、就业人员、劳动者报酬的比重之间的关系看，我国专利密集型产业具有明显的总体劳动成本支出少、单位就业人员报酬高、产业经济产出高的优势。

---

[1] 本报告均采用以 2010 年为基期的不变价增加值。

图 1 - 1　专利密集型产业重要指标所占比重

二、专利密集型产业经济效益情况

（一）总资产贡献率❶。

2010 ~ 2014 年，我国专利密集型产业总资产贡献率五年平均为 15.4%，比非专利密集型产业高出 1.2 个百分点。从历年比较看，专利密集型产业的总资产贡献率均高于非专利密集型产业，参见图 1 - 2。

图 1 - 2　总资产贡献率指标动态比较

（二）成本费用利润率❷。

从历年比较看，2010 ~ 2014 年，我国专利密集型产业成本费用利润率

---

❶　指反映资产收益能力，评价和考核盈利能力的核心指标，即：

$$总资产贡献率 = \frac{利润总额 + 税金总额 + 利息支出}{平均资产总额} \times 100\%$$

　　其中，税金总额为产品销售税金及附加与应交增值税之和；平均资产总额为期初期末资产总计的算术平均值。

❷　成本费用利润率是一定时期内的利润总额与成本总额的比率，是反映经济效益收益性的核心指标：

$$成本费用利润率 = \frac{利润总额}{成本费用总额} \times 100\%$$

　　成本费用利润率表明每付出一元成本费用可获得的利润，体现了经营耗费所带来的经营成果，是反映经济收益水平的另一核心指标。该指标值越高，反映企业的经济效益越好。

均高于非专利密集型产业，并且领先优势逐年提高，在 2014 年达到最大，专利密集型产业比非专利密集型产业高出 1.1 个百分点，参见图 1 – 3。

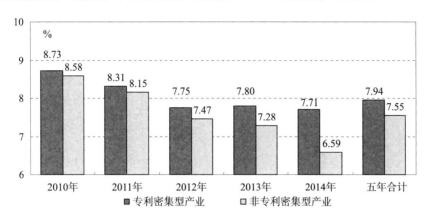

图 1 – 3　成本费用利润率指标动态比较

（三）资产负债率❶。

2010 ~ 2014 年，我国专利密集型产业资产负债率明显低于非专利密集型产业，五年合计低出约 2.4 个百分点，参见图 1 – 4。

图 1 – 4　资产负债率指标动态比较

三、专利密集型产业与对外出口

我国专利密集型产业具有重要的产品出口优势。2010 ~ 2014 年，专利密集型产业占总出口交货值的 45.3%。

---

❶　资产负债率是负债总额与资产总额的比值，是反映经济效益安全性的核心指标，即：

$$资产负债率 = \frac{负债总额}{资产总额} \times 100\%$$

　　资产负债率反映了总资产中有多少是通过负债筹集的，是评价公司负债水平的综合指标。该指标为逆指标，资产负债比率达到 100% 或超过 100% 说明没有净资产或资不抵债。

从历年出口交货值占销售产值比重看，专利密集型产业均高于非专利密集型产业，前者约为后者的2.2倍，参见图1-5。与非专利密集型产业相比，专利密集型产业的产品具有更强的国际竞争力。

图1-5 出口交货值占销售产值比重指标动态比较

四、专利密集型产业创新情况

从R&D人员投入强度（R&D人员数与就业人员数比重）看，专利密集型产业明显高于非专利密集型产业，并且前者比后者的领先优势由2010年的2.4%扩大到2014年的4.3%，参见图1-6。

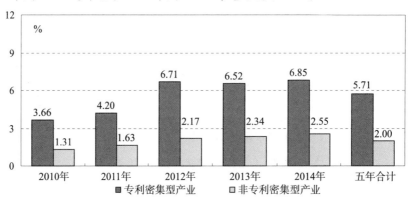

图1-6 R&D人员投入强度指标动态比较

从R&D经费投入强度（R&D经费内部支出与主营业务收入比重）看，专利密集型产业明显高于非专利密集型产业，并且领先优势不断扩大，参见图1-7。

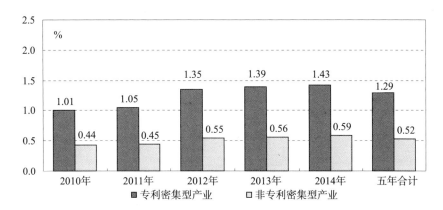

图 1 - 7　**R&D 经费投入强度指标动态比较**

2010～2014 年，专利密集型产业新产品销售收入占全部新产品销售收入的比重达到 48.1%。

从新产品销售收入占主营业务收入比重看，专利密集型产业约为非专利密集型产业的 2.5 倍，参见图 1 - 8，说明专利密集型产业的产品创新对整个销售收入具有更高的贡献份额。

图 1 - 8　**新产品销售收入占主营业务收入比重指标动态比较**

五、专利密集型产业发展活力

与非专利密集型产业的年均增长速度相比，专利密集型产业具有更强的发展活力。专利密集型产业的经济产出（增加值）、科技创新投入（R&D 人员、R&D 经费）以及科技创新产出（新产品销售收入）等的年均增长速度均明显高于非专利密集型产业的平均水平，参见表 1 - 1。

表1-1 2011~2014年专利密集型产业年均增长速度❶ 单位:%

产业名称	增加值	R&D人员数	R&D经费内部支出	新产品销售收入
信息基础产业	12.85	10.72	18.44	18.90
软件和信息技术服务业	18.53	—	—	—
现代交通装备产业	47.32	44.49	50.02	46.50
智能制造装备产业	8.40	21.89	21.11	14.06
生物医药产业	15.83	25.86	33.76	25.52
新型功能材料产业	10.15	26.75	33.70	34.35
高效节能环保产业	10.62	25.63	29.79	23.22
资源循环利用产业	7.56	63.28	58.81	62.69
专利密集型产业	16.61	24.18	29.55	26.70
非专利密集型产业	7.06	16.86	18.82	13.21
全部国民经济行业	8.04	20.25	23.67	19.23

表1-2 专利密集型产业发明专利密集度数据表

专利密集型产业分类名称	国民经济行业代码	国民经济行业名称	发明专利密集度（件/万人）
一、信息基础产业	391	计算机制造	88.58
	392	通信设备制造	322.22
	393	广播电视设备制造	333.32
	394	雷达及配套设备制造	789.95
	396	电子器件制造	92.47
二、软件和信息技术服务业	651	软件开发	—❷
	652	信息系统集成服务	—
	653	信息技术咨询服务	—
	654	数据处理和存储服务	—
	655	集成电路设计	—
	659	其他信息技术服务业	—
三、现代交通装备产业	361	汽车整车制造	6.70
	366	汽车零部件及配件制造	20.06
	371	铁路运输设备制造	47.01
	374	航空、航天器及设备制造	34.71

❶ 软件和信息技术服务业无科技创新相关统计数据。
❷ 软件和信息技术服务业国民经济大类行业的发明专利密集度为58.87件/万人。

续表

专利密集型产业 分类名称	国民经济 行业代码	国民经济行业名称	发明专利密集度 （件/万人）
四、智能制造 装备产业	342	金属加工机械制造	279.50
	343	物料搬运设备制造	120.87
	351	采矿、冶金、建筑专用设备制造	97.63
	354	印刷、制药、日化及日用品生产专用设备制造	295.55
	355	纺织、服装和皮革加工专用设备制造	151.38
	356	电子和电工机械专用设备制造	171.18
	357	农、林、牧、渔专用机械制造	179.51
五、生物医药产业	271	化学药品原料药制造	151.02
	272	化学药品制剂制造	111.46
	273	中药饮片加工	799.80
	274	中成药生产	203.73
	276	生物药品制造	832.93
	358	医疗仪器设备及器械制造	479.18
	404	光学仪器及眼镜制造	125.91
六、新型功能 材料产业	261	基础化学原料制造	208.26
	263	农药制造	229.54
	264	涂料、油墨、颜料及类似产品制造	151.07
	265	合成材料制造	159.69
	266	专用化学产品制造	293.85
	268	日用化学产品制造	137.51
七、高效节能 环保产业	341	锅炉及原动设备制造	141.93
	344	泵、阀门、压缩机及类似机械制造	77.14
	346	烘炉、风机、衡器、包装等设备制造	268.14
	352	化工、木材、非金属加工专用设备制造	208.89
	359	环保、社会公共服务及其他专用设备制造	435.56
	382	输配电及控制设备制造	127.45
	384	电池制造	92.93
	387	照明器具制造	81.72
	401	通用仪器仪表制造	735.87
	402	专用仪器仪表制造	910.73
八、资源循环 利用产业	336	金属表面处理及热处理加工	230.82
	462	污水处理及其再生利用	1313.40
	469	其他水的处理、利用与分配	1568.14

附录
专利密集型产业目录（2016）（试行）

国家知识产权局

2016 年 9 月

专利密集型产业目录编制说明

根据《国务院关于新形势下加快知识产权强国建设的若干意见》（国发〔2015〕71 号），在征求相关部门、专家学者意见建议的基础上，研究制定《专利密集型产业目录（2016）》（试行）（以下简称《目录》）。

《目录》包括 8 大产业，涵盖 48 个国民经济中类行业。其中，信息基础产业包含 5 个中类行业，软件和信息技术服务业包含 6 个中类行业，现代交通装备产业包含 4 个中类行业，智能制造装备产业包含 7 个中类行业，生物医药产业包含 7 个中类行业，新型功能材料产业包含 6 个中类行业，高效节能环保产业包含 10 个中类行业，资源循环利用产业包含 3 个中类行业。《目录》对应国民经济行业分类（GB/T 4754—2011）的中类条目（三位码），其中的农药制造（263）涉及稀土农药（稀土生物功能材料），通用仪器仪表制造（401）和专用仪器仪表制造（402）涉及节能控制装置、环保监测设备等的制造，金属表面处理及热处理加工（336）涉及表面处理废液综合利用等。

《目录》包含的产业具备较为明显的专利优势，依赖技术创新与知识产权参与市场竞争。发布《目录》是《国务院关于新形势下加快知识产权强国建设的若干意见》任务要求的细化落实，有利于更好地引导社会资源的投向，并可作为有关部门及地方开展专利密集型产业培育工作的重要依据。

专利密集型产业目录表

专利密集型产业分类名称	国民经济行业代码	国民经济行业名称
一、信息基础产业	391	计算机制造
	392	通信设备制造
	393	广播电视设备制造
	394	雷达及配套设备制造
	396	电子器件制造
二、软件和信息技术服务业	651	软件开发
	652	信息系统集成服务
	653	信息技术咨询服务
	654	数据处理和存储服务
	655	集成电路设计
	659	其他信息技术服务业
三、现代交通装备产业	361	汽车整车制造
	366	汽车零部件及配件制造
	371	铁路运输设备制造
	374	航空、航天器及设备制造
四、智能制造装备产业	342	金属加工机械制造
	343	物料搬运设备制造
	351	采矿、冶金、建筑专用设备制造
	354	印刷、制药、日化及日用品生产专用设备制造
	355	纺织、服装和皮革加工专用设备制造
	356	电子和电工机械专用设备制造
	357	农、林、牧、渔专用机械制造
五、生物医药产业	271	化学药品原料药制造
	272	化学药品制剂制造
	273	中药饮片加工
	274	中成药生产
	276	生物药品制造
	358	医疗仪器设备及器械制造
	404	光学仪器及眼镜制造
六、新型功能材料产业	261	基础化学原料制造
	263	农药制造
	264	涂料、油墨、颜料及类似产品制造
	265	合成材料制造
	266	专用化学产品制造
	268	日用化学产品制造

专利密集型产业分类名称	国民经济行业代码	国民经济行业名称
七、高效节能环保产业	341	锅炉及原动设备制造
	344	泵、阀门、压缩机及类似机械制造
	346	烘炉、风机、衡器、包装等设备制造
	352	化工、木材、非金属加工专用设备制造
	359	环保、社会公共服务及其他专用设备制造
	382	输配电及控制设备制造
	384	电池制造
	387	照明器具制造
	401	通用仪器仪表制造
	402	专用仪器仪表制造
八、资源循环利用产业	336	金属表面处理及热处理加工
	462	污水处理及其再生利用
	469	其他水的处理、利用与分配

专利密集型产业目录编制方法

专利密集型产业目录（以下简称《目录》）是知识产权密集型产业目录的一项重要组成部分。《目录》编制参考国际常用认定方法，兼顾我国产业发展特色，确定了以定量测度发明专利密集度、存量规模等指标为主，定性考虑政策引导性等因素为辅的界定方法。

专利密集型产业需满足以下条件：一是产业发明专利密集度和发明专利授权规模均达到全国平均水平以上；二是产业成长性好，与创新发展的政策导向高度契合。

一、发明专利密集度

发明专利密集度为 5 年期间平均每万名就业人员的发明专利授权数，即 5 年发明专利授权总数除以相应期间的年平均就业人员数。

$$发明专利密集度 = \frac{某产业（行业）五年发明专利授权数之和}{该产业（行业）五年平均就业人员数}（件／万人）$$

专利密集型产业所属大类行业发明专利密集度须高于全国三次产业平均水平，其中，专利密集型产业工业中类发明专利密集度须高于全国工业半均水平。以 2010～2014 年为例，全国三次产业平均专利密集度为 7.91 件/万人，工业专利密集度为 59.55 件/万人。经过筛选，共有 74 个中类行业（含工业中类 68 个，服务业中类 6 个）专利密集度满足条件。

二、发明专利规模

发明专利规模指 5 年期间产业发明专利授权量之和。专利密集型产业所属大类发明专利规模须高于全国三次产业大类平均水平，其中，专利密集型产业工业中类发明专利规模须高于工业中类平均水平。以 2010～2014 年为例，96 个国民经济大类行业平均发明专利授权量为 6319 件；201 个工业中类行业平均发明专利授权量为 2822 件。通过筛选，剔除煤炭开采和洗选辅助活动等 30 个中类行业，剩余 44 个中类行业发明专利规模在平均水平以上。

三、政策引导性

为体现产业创新发展的政策引导性，本目录编制兼顾考虑与国家政策性文件的衔接。在《目录》2016 试行版编制过程中，将其与国家政策产业目录如战略性新兴产业、中国制造 2025、高技术制造业、产业关键共性技术等进行比较分析，并经专家评议，加入铁路运输设备制造，汽车整车制造，汽车零部件及配件制造，航空、航天器及设备制造，其他水的处理、利用与分配等 5 个中类行业，删除 1 个中类行业即其他食品制造，最终形成包含 48 个中类行业的专利密集型产业目录。

知识产权与美国经济

（2016 年更新版）

经济与统计管理局

贾斯汀·安东尼皮勒

部长顾问，承担经济事务副部长的职责

美国专利商标局

米歇尔·K. 李

知识产权事务部副部长兼

美国专利商标局局长

合作项目团队

罗伯特·拉宾诺维茨，副首席经济学家

大卫·兰登，经济学家兼政策顾问

芬威克·于，经济学家

威廉姆·霍克，经济学家

阿兰·C. 马克，首席经济学家

安德鲁·A. 图尔，副首席经济学家

艾斯拉特·特斯法耶斯，经济学家

国家知识产权局规划发展司　组织编译

本报告中文版基于美国专利商标局 **uspto** 的研究项目。

致谢

项目组在此致谢美国专利商标局的维克拉姆·艾耶尔、亚历山大·贝克、大卫·卡森、艾米·孔同、爱德华·埃利奥特、吉姆－平林、阿曼达·梅尔斯、尼古拉斯·派罗勒罗、桑迪·费萨恩加姆、西拉·珀尔马特、布丽姬·佩特拉佐科、罗伊·罗宾德拉纳特、帕特里·克罗斯以及戴纳·斯宾塞；美国人口普查局的尼古拉斯·左拉以及辛西娅·戴维·斯霍林斯沃思；美国经济分析局的托马斯·豪威尔斯、加布里埃尔·梅德罗斯以及阿曼达·林戴科尔；美国经济与统计局首席经济学家办公室的瑞安·努南以及鲁道夫·泰勒斯，感谢他们为本报告作出的重大贡献。

执行概要

创新及创造是驱动美国经济增长及保持美国经济竞争优势的不可缺少的因素。20 世纪，美国在全民健康、经济福利及整体生活质量方面取得了前所未有的进步。❶ 作为世界创新领导者，美国公司将知识产权（IP）作为推动并实现这些进步的主要工具之一。专利、商标及版权是确立创意、发明及品牌所有权的主要方式，这些创意、发明及品牌可为其所有者创造出有形的经济效益。

2012 年，美国商务部发布了一份名为《知识产权与美国经济：聚焦产业》的报告（下文简称为《2012 年报告》）。该报告确定了最依赖于专利、商标及版权的知识产权密集型产业，并估计了这些产业对美国经济的贡献。该报告引起了其他机构和组织的极大兴趣，促使它们进行了各种类似研究，调查知识产权在不同国家、不同产业及不同公司的利用情况及影响。

本报告以《2012 年报告》为基础，更新了知识产权对美国经济的影响，并以新视角重新审视用来衡量这些结果的方法。更新内容继续聚焦于衡量知识产权使用的集中度，以及知识产权与就业、工资及增加值等经济指标的持久关系。虽然我们的方法无法将存在的各种差异仅仅归功于知识产权，但是这些结果确实为我们提供了有用的基准。另外，本研究同其他研究一起清楚表明，知识产权是经济繁荣和增长的重要组成部分。

因此，为了尽力提供更为全面的分析，本报告也吸收了针对类似问题但采取不同研究方法的其他研究项目所得出的成果。整体上我们发现，与

---

❶　戈登，2016 年。

《2012 年报告》所使用的最新数据即 2010 年数据相比，2014 年，知识产权密集型产业仍然是美国经济的重要组成部分，并且创造了更多工作岗位，在美国国内生产总值（GDP）中占有更大比例。我们将在下文中更具体地讨论这些以及其他研究成果。

主要结论

- 知识产权密集型产业仍然是美国经济中不断增长的重要组成部分。

- 本报告（从总共 313 个产业中）确认了 81 个产业属于知识产权密集型产业。2014 年，这些知识产权密集型产业直接为美国创造了 2790 万个工作岗位，比 2010 年增加了 80 万个工作岗位。

- 商标密集型产业是数量最多的产业，也是贡献工作岗位最多的产业，2014 年，创造了 2370 万个工作岗位（2010 年为 2260 万个）。版权密集型产业提供了 560 万个工作岗位（2010 年为 510 万个），紧随其后的是专利密集型产业，提供了 390 万个工作岗位（2010 年为 380 万个）。

- 2010 年至 2014 年知识产权密集型产业创造的工作岗位持续增加，但同时非知识产权密集型产业创造的工作岗位以较快的速度增长，因此，知识产权密集型产业所创造的工作岗位占总工作岗位数量的比例小幅下降到 18.2%（2010 年为 18.8%）。

- 然而，与 2010 年相比，2014 年知识密集型产业创造的增加值不论在总量还是占 GDP 份额方面都大幅上升。知识产权密集型产业创造的增加值从 2010 年的 5.06 万亿美元增加到 2014 年的 6.6 万亿美元，增加了 1.5 万亿美元（增幅为 30%）。因此，知识产权密集型产业对美国 GDP 总额的贡献率从 2010 年的 34.8% 上升到 2014 年的 38.2%。

- 2014 年，知识密集型产业通过付薪或合同制直接创造了 2790 万个工作岗位，同时也间接地为整个经济体的 1760 多万个供应链工作岗位提供了支持。总体上，知识产权密集型产业直接和间接地支撑了 4550 万个工作岗位，约占全部工作岗位的 30%。

- 知识产权密集型产业工薪层的个人工资及薪金继续远远高于非知识产权密集型产业。2014 年，私营知识产权密集型产业雇员的平均周薪为 1312 美元，比私营非知识产权密集型产业雇员的平均周薪 896 美元高出 46%。知识产权密集型产业的工资溢价大幅上涨，从 1990 年的 22% 上升到 2010 年的 42%，再到 2014 年的 46%。最近几年，专利和版权密集型产业的工资增长非常快，2014 年，工资溢价分别达到 74% 和 90%。

- 2010 年发现的知识产权密集型产业和其他产业之间雇员的教育差

距在 2015 年基本消失。知识产权密集型产业拥有本科学士学位或以上的雇员比例从 2010 年的 42.4% 下降到 2015 年的 39.8%，而非知识产权密集型产业中相应学历人员比例则从 2010 年的 34.2% 上升到 2015 年的 38.9%。

- 2012 年，知识产权许可方面的总收入达到 1152 亿美元，其中 28 个产业获得知识产权许可收入。

- 知识产权密集型产业的商品出口额从 2010 年的 7750 亿美元上升到 2014 年的 8420 亿美元。尽管如此，由于非知识产权密集型产业出口增长更快，因此知识产权密集型产业占商品出口总额的比例从 2010 年的 60% 下降到 2014 年的 52%。

- 2012 年，服务类知识产权密集型产业出口总额达 810 亿美元，约占美国 2012 年私营服务出口总额的 12.3%。

目　录

一、导言

> 无论是通过给人以启发的音乐或电影、让人感动的文学还是我们每天赖以生存的技术的形式，创造和创新始终是持续推动经济增长和架起文化桥梁的基石。
>
> ——巴拉克·奥巴马总统，2016 年 4 月 26 日

创新及创造努力是驱动美国经济增长及保持美国经济竞争优势的不可缺少的因素。20 世纪，由于实现了医疗技术创新以及在多个领域取得了突破性的科技进步，美国在全民健康、经济福祉及整体生活质量方面，取得了前所未有的进步。[1] 工人生产力的大幅提升提高了个人的赚钱能力。这使消费者能够购买和享受丰富的新产品和不断多样化的创意艺术品。随着商品和服务更容易获得，这些产品都显示出显著的差异，由此消费者随时能够选到符合个人喜好的产品。

纵观美国整个历史，知识产权（IP）已成为取得这些进步的重要工具。美国和国际上越来越多的研究表明，知识产权在经济活动中扮演着极其重要的角色。本报告表明知识产权密集型产业仍然是美国经济不断增长的重要组成部分。我们发现，2014 年，被确定为知识产权密集型的 81 个产业直接创造了 2790 万个工作岗位，间接支撑了 1760 多万个其他工作岗位。这些工作岗位共占到美国全部工作岗位的 29.8%。知识产权密集型产业增加值总额占美国 GDP 的 38.2%，支付的周薪比其他产业高出 46%。另外，知识产权密集型产业商品出口额达 8420 亿美元，占美国商品出口总额的 52%。2012 年，服务类知识产权密集型产业出口额约为 810 亿美元，占美国私营服务出口总额的 12.3%。

知识产权通过授予创造者排他性权利，激励人们创造新的商品和服务。尽管发明通常是一种需要长期、持久和极其细致的努力而获得的原创性产品，但是随后这些创新产品的复制和使用成本通常较低。专利通过为发明者提供获得创新回报的机会，也激励着发明者投入高昂的研发成本。正如美国已故总统亚伯拉罕·林肯所说，"在发现和生产新的有用事物时，专利权制度是给天才之火浇上利益之油"[2]。版权也提供了类似的制度框架，通过授予作者享有作品带来经济利益的排他性权利，激励作者创作文

---

[1] 戈登，2016 年。
[2] 尼古拉及海，1905 年，113。

学、艺术、音乐、戏剧、电影及其他作品。因此，专利和版权激励着个人、公司和产业为国家的经济活动注入动力。

生产商为了更进一步开发竞争优势潜力，需要采取有效方法，去引导消费者信赖他们的产品来源。而商标"通过提供能够让消费者识别喜爱的产品并让生产者获得收益的方式，使得在复杂和客观的市场中进行有效竞争成为可能"❶。

专利、商标及版权是确立创造、发明及品牌所有权的主要方式，这些创造、发明及品牌可为其所有者创造出有形的经济效益。2012 年，美国商务部发布了一份名为《知识产权与美国经济：聚焦产业》的报告（下文简称为《2012 年报告》）。该报告由美国经济与统计管理局（ESA）及美国专利商标局（USPTO）共同编写，目的是为了确定极其倚重专利、商标或版权的知识产权密集型产业，同时估计这些产业对美国经济的贡献情况。该报告引起了国内外知识产权界的极大兴趣，激励其他机构和组织进行了各种类似研究，调查知识产权在不同国家、不同产业及不同公司的利用情况及其影响。

本次对于《2012 年报告》的更新主要基于两个目的。第一，我们继续使用了《2012 年报告》中的方法来验证美国知识产权密集型产业对于经济的贡献度发生了何种变化。第二，我们回顾了 2012 年以来完成的相关研究，并讨论不同方法对该研究的贡献。最新研究成果支持 2012 年研究成果，通过一系列方法确认了知识产权对经济的重要性。事实上，知识产权密集型产业的相对贡献率总体上在最近几年有所上升。我们将在下文第四节中详细叙述这些研究成果及其他研究成果。

本报告主要是让读者了解不同产业之间使用知识产权的不同方法。我们的研究方法旨在衡量知识产权使用的密集度，而不直接衡量知识产权激励创造新产品和服务的程度。我们发现了与知识产权使用相关的就业、工作、增加值和其他结果方面的差异，尽管我们的方法并不准许我们把这些差异仅归因于知识产权。正如任何领域的研究一样，单个研究不可能涵盖所有的结果。

因此，政策制定者和研究人员在理解知识产权在经济中如何发挥作用时，必须要考虑采用多种方法。政府以及其他组织、机构已经积极地复制、延伸或补充《2012 年报告》中所做的工作，我们为此倍受鼓舞。所有这些研究大大地拓展了我们的知识视野，而在坚实的经验基础上持续进

---

❶　史密斯 v. 香奈儿公司，402 F. 2d 562，566（1968 年美国联邦法院第 9 巡回法院）。

行研究将继续为制定好政策提供可靠证据。最新的证据表明知识产权是经济繁荣和发展的重要组成部分。

二、《2012 年报告》及相关研究

在首份报告发布以来已完成的相关研究背景下，评估《2012 年报告》的方法和成果很有用处。《2012 年报告》确定了什么产业属于知识产权密集型产业，并从大量不同角度将这些产业与其他产业进行比较。《2012 年报告》采用的方法包括如何根据知识产权使用情况确定知识产权密集型产业。根据该报告，知识产权保护通过下列方式，在整个经济层面对商业产生影响：

- 激励发明和创造；
- 保护创新者权利免受侵犯；
- 促进技术市场的垂直细分；
- 为创新的融资提供平台；
- 通过兼并、收购和首次公开募股（IPO）提升公司资金流动性；
- 支持基于许可的技术业务模式；
- 使市场在技术和技术诀窍交易方面更加高效。

这些机制共同决定了知识产权对个人和公司的价值以及知识产权对经济的贡献。分析衡量知识产权影响经济的所有方式超出了任何单个报告的研究范畴。尽管如此，自《2012 年报告》发布以来，出现了许多关于量化知识产权密集型公司对于经济影响的研究。看到人们对以《2012 年报告》为研究基础，挑战该报告或提供其他研究方法的热情不减，我们倍受鼓舞。

本章回顾一组经过挑选的研究，这些研究均以《2012 年报告》类似的研究问题作为研究对象，是在《2012 年报告》后发布的。2013 年，欧洲专利局和欧盟内部市场协调局利用欧盟数据共同发布了一份比较报告。❶❷ 该报告使用类似方法确定欧洲知识产权密集型产业，并量化这些产业在 2008～2010 年对欧洲经济的贡献。研究发现知识产权密集型产业创造了 4.7 万亿欧元的经济活动价值，约占欧盟 GDP 总量的 39%。另外，该研究也发现，知识产权密集型产业直接为欧盟创造了 5650 万个工作岗位，约占同一时期全部工作岗位的 26%。相似的研究结果进一步确定了

---

❶ 自 2016 年 3 月起，欧盟内部市场协调局（OHIM）更名为欧盟知识产权局。

❷ 欧洲专利局和欧盟内部市场协调局，2013 年。

《2012 年报告》的核心信息：知识产权密集型产业是经济的重要组成部分。

虽然这些报告量化了知识产权密集型产业对经济的贡献度，但对与源自知识产权的就业及增加值的精确性抱有合理的怀疑。例如，我们观察到知识产权密集型产业大量就业的这一事实并没有使我们了解到知识产权对经济增长的贡献，因为非知识产权密集型产业内的就业是一个可行的替代方案。这些报告也研究了知识产权密集型产业与非知识产权密集型产业之间的工资差异。两篇报告都显示，知识产权密集型产业比其他产业支付的工资更高。当这种工资溢价很明显时，我们就无法得出工资差异是归因于知识产权的结论。

2015 年，欧盟内部市场协调局发布了第二次报告，使用企业层面数据对拥有知识产权的企业与未拥有知识产权的企业进行了比较。[1] 该报告考虑了 130 000 多家欧洲企业的代表性样本并且研究了其经济成果，同时将他们是否拥有专利、商标或者设计也考虑进来。研究发现，拥有知识产权的企业每个员工挣得的收入平均多出 29%，而其支付的工资平均多出 20%。对于拥有知识产权的中小企业来说，这种差异则更加明显，与未拥有知识产权的企业相比，这些企业每个员工挣得的收入平均多出 32%。虽然本研究未确认知识产权的因果影响，但是，研究详细地证明了知识产权所有权与经济表现之间具有密切的关联。

欧盟内部市场协调局 2015 年研究中的方法探讨了在先报告中定义知识产权密集型产业方式的局限性。之前的报告均从产业层面以就业相关的知识产权总量为基础来衡量知识产权，然后根据知识产权与就业的比率高于或低于全部产业平均数，将某一产业确定为知识产权密集型产业或非知识产权密集型产业。虽然还有其他计算知识产权密集度的合理方法，包括知识产权与总产出的比率、知识产权与研发的比率或者知识产权与增加值的比率，但是，由于数据的局限性，如数据敏感性以及缺乏要求生产商记录和报告内部经营活动的法律规定，我们无法详细查阅到系统地运用这些措施所需的相关数据。欧盟内部市场协调局 2015 年报告通过开发对欧洲知识产权密集型公司和非知识产权密集型公司进行比较的分类分析所需的具体知识产权公司数据，成功克服了这些局限性。

美国专利商标局及美国人口调查研究员最近使用了专利公司数据对美

---

[1] 欧盟内部市场协调局，2015 年。

国进行类似分析❶，作者们用有关 2000~2011 年美国所授专利的专利所有
人和发明人数据与美国人口普查局关于公司和工人的数据进行匹配。利用
这一完整数据库，作者们分析了专利密集型公司以及这些公司对美国经济
的贡献。他们发现，虽然专利类公司仅占美国公司总数的 1%（2000~
2011 年），但是，这些公司却对经济贡献最大，创造了 33% 的工作岗位。
除了那些非常年轻的公司（成立不到一年的公司）之外，与创建时间相
同的所有种类的非专利类公司相比，专利类公司创造更多工作岗位。作者
们也发现，大多数专利类公司属于小企业。但是，由于这些小企业不能频
繁地获得专利权，因此美国大部分专利是由少数大型多产的专利公司持
有。最后，他们还发现，2000~2011 年，制造业是专利最集中的产业，
6% 以上的公司拥有专利，同时，大部分专利公司都属于服务和批发领域。

　　最近一批学术论文也试图衡量知识产权对公司业绩的影响。最近有一
篇知名文稿使用了美国专利商标局（USPTO）的具体数据来研究专利是否
与新兴公司成长潜力存在因果关系。❷❸作者们发现，专利确实"帮助新兴
公司创造工作岗位，增加销售，推动创新以及最终获得成功"，专利授予
延迟可能会妨碍这些利益。❸

　　另外一系列研究通过调查的方式来研究知识产权在公司经济业绩及其
创新努力中所扮演的角色。最近一次研究对 6000 多家美国制造及服务领
域的公司进行调查，目的是评估引进市场内新产品的公司向专业化公司外
包创新的程度。这次研究发现，2007~2009 年，16% 的制造公司引进产业
内新产品。虽然产业之间和公司之间存在极大不同，但在这些创新者中，
有 42% 的创新者报告表示将其认为最重要的新产品申请了专利。更多的
研发密集型产业（即研发投入公司数量高于平均比例的产业）为新产品
申请专利的比例高出平均值。大约 63% 的大型制造公司为自己最重要的
新产品创新申请专利，而只有 47% 的中型公司和 36% 的小型公司为自己
最重要的新产品创新申请专利。❹

　　2012 年，英国知识产权局发布了另一份以调查为基础的研究报告，
旨在量化专利提高研发支出的程度。作者们利用英国创新调查数据和公司
业绩的相关数据，估计了专利利润溢价（亦即可归因于专利保护的研发额

---

❶　格雷厄姆等人，2015 年。
❷❸　法尔门萨等人，2016 年。利用工具变量方法，作者们能够确定这是一种因果关系，而不是一种相互关系。
❸　注意，某些新兴公司可能更愿意专利授权延迟，因为在专利有效期晚些时候或者专利有效期调整时确定的某
　个时段内，它们可能会获得整个专利经济价值的大部分。
❹　阿罗拉等人，2016 年。

外回报）。❶ 他们发现，专利溢价具有正面作用，能够激励人们投入研发，尽管这些估计会因公司和产业类型不同而存在差异。生物技术和制药产业之外的较小型公司所估专利溢价比较低。尽管如此，新公司和老公司之间的溢价和激励效果具有可比性，表明专利保护可同时激励新品研发和创新者。

综合起来，这些研究推动我们更多地了解知识产权在经济中的角色。未来工作的重点方向之一是研究更加精细的数据以及寻找确定知识产权与经济业绩之间因果关系的各种方法。基于调查的研究可以针对具体研究问题进行设计，也将继续增进我们对知识产权的经济贡献度的理解。在评估各项具有政策制定指示性的证据时，重要的是政策制定者要考虑科学研究的标准。

三、识别知识产权密集型产业

如《2012 年报告》中所述，产业知识产权密集度是指一定期间内该产业知识产权相对于该产业总就业数的数量。如果某个产业的知识产权数与就业比超过所有纳入考虑范围的产业的平均数，则该产业可视为知识产权密集型产业。用知识产权数除以就业数是一种调整产业规模差异的方法，使用这种方法可让各个产业之间具有可比性。尽管如此，我们也有其他替代方案。比如，知识产权数可按资本控股、研发支出、增加值或总产值这些参数进行标准化。另外，也可以使用其他方法来区分知识产权密集型产业和非知识产权密集型产业。❷ 为了与《2012 年报告》保持一致并与之进行比较，本更新报告延续之前使用的各种方法，但将适用期拓展包括2009～2013 年这段时期。❸

专利

美国专利商标局授予发明、植物和设计专利，这些专利保证了排除"其他人在美国全境内制造、使用、许诺销售或者销售发明或者进口相关发明到美国"的权利。❹ 根据美国专利分类（USPC）体系，将专利分为

---

❶ 阿罗拉等人，2012 年。

❷ 例如，使用十分位数分析各种差异或者评估连续功能都是一些可以提供大量信息的可能替代方法。

❸ 相关方法的具体描述详见附录。

❹ 《美国法典》第 35 章第 154 条第（a）款第（1）项［35 U. S. C. § 154（a）（1）］。

450 多个专利 "技术分类" 来区分其发明内容。❶❷ 美国专利商标局将技术分类体系和 30 个北美产业分类（NAICS）代码之间制成了参照关系表。有了该参照关系表，分析人员能够将发明专利同使用北美产业分类进行编码的产业联系起来❸。我们主要依靠 2009～2013 年基于北美产业分类的专利数来确定专利密集型产业❹，该方法严格用于对制造产业进行专利分析，因为该参照关系只将专利与制造业进行对照。非制造产业，如建筑、公用设施及信息产业，也依赖于发明专利，但是这些产业并不在这个专利—北美产业分类参照关系表范围内。我们得出产业专利 "密集度"，即北美产业分析体系分类中某个产业近五年内的专利总量与该产业平均领薪雇员知识产权数与就业人数之比。❺ 因为就业反映一个产业的整体规模，用专利数除以从业人数得到的结果，可标准化衡量相应规模产业的专利活动情况。❻ 这种方法对整个经济活动领域的专利情况进行平衡，因而专利密集型产业并不是拥有最多专利的产业，而是平均每个从业人员拥有专利最多的产业。

几乎所有《2012 年报告》中确定为专利密集型的产业在 2009～2013 年也被确定为专利密集型产业。只有树脂、合成橡胶、纤维以及人工合成纤维和单纤维产业（北美产业分类代码：3252）没有进入这次研究的范围。另外，这些产业的排名顺序发生了一些变化。例如，之前被确定为第三大专利密集型产业的半导体及其他电子元件产业（北美产业分类代码：3344）现在跌到第五位。尽管如此，鉴于两次报告中专利密集型产业清单和排名顺序极度类似，可以认为产业层面上专利密集度随着时间的推移一直比较稳定。❼

商标

商标是 "一个单词、短语、符号或设计，或是以上的组合，用以标识

---

❶ 发明专利可以被分类到多个分类号，但是以其第一分类号进行组织。

❷ 虽然北美产业分类对本报告结果不会产生影响，但是，需要指出的是，自 2015 年 1 月，中止官方使用北美产业分类。现在使用合作专利分类（CPC）方案进行专利分类。

❸ 该参照关系表由美国专利商标局创立，得到了美国国家科学基金会的资金支持。因为植物或设计专利和北美产业分类没有相似参照关系，因此本研究只针对发明专利。了解更多关于发明专利的信息参阅：www. uspto. gov/web/offices/ac/ido/oeip/taf/all_tech. htm。有关北美产业分类体系（NAICS）的概述，请参阅www. census. gov/eos/www/naics/index. html。

❹ 参见 www. uspto. gov/web/offices/ac/ido/oeip/taf/data/misc/patenting_trends/info_ptrends2008. txt。

❺ 利用五年期（本案中为 2009～2013 年）而不是一年期可以降低任何给定年度的异常几率，从而降低我们研究结果的偏差幅度。

❻ 增加值和总产值是衡量产业规模的两种标准，但由于数据保密限制，分析所需的详细数据没有公开。

❼ 关于方法的详细讨论及讨论结果表，详见附录。

一方的产品来源，并与其他产品来源予以区分"❶。通过排他性使用权利，商标给予公司法律保护，使这些公司可以向消费者传递其产品和服务的质量特点，进而收回投资成本。

正如《2012 年报告》所述，本研究报告使用三种不同方法确认商标密集型产业。❷ 第一种方法，与专利一样，根据商标数与从业人数之比衡量每个产业的商标密集度，将那些商标数与从业人数之比高于平均数的产业指定为商标密集型产业。我们从商标注册全库开始，将有公开商标的公司的名称与一个包含各公司主要产业和员工数量信息的单独数据库进行匹配。这些数据使我们能够按产业划分计算出能匹配公司的商标密集度。第二种方法利用《2009～2013 年业绩责任报告》中所列出的美国专利商标局 50 强商标注册公司清单（与第一种方法不同，这种方法包括私营和国有公司），将那些重复出现的产业视为商标密集型产业。为了将研究对象扩展包括私营公司以及小微公司和新兴公司，第三种方法是从 2013 年的194 326 件注册商标中随机抽取 300 件注册商标。在抽样过程中，我们将北美产业分类代码匹配到抽样出的商标注册人，并计算每个产业的注册商标所占全部注册商标的份额，将那些份额超出平均份额的产业确定为商标密集型产业。

我们将每种方法获得结果综合起来，形成最后的商标密集型产业组。

这些实践获得的结果详见表 A－6，其中至少在两个方面值得注意。首先，商标密集型产业的多样性体现了商标使用的传播范围和密集度。其次，我们观察到三种方法在确定商标密集型产业上有着惊人的一致性，这也证明了这些方法的有效性。

为确保研究结果的可信度，我们将上述三种方法得出的商标密集型产业最终组与 2013 年国际品牌集团列出的"全球最佳品牌"榜中的公司名单进行比较。❸ 正如附录中所讨论的那样，这两组数据高度重合，进一步证实了我们的研究成果。

版权

1976 年《美国版权法》规定，"对于固定于任何有形的表现媒介中的作者的独创性作品予以版权保护，这种表现媒介包括目前已知的或以后开

---

❶　美国专利商标局，2016 年。我们使用商标一词包含了商业标志和服务标志的含义。

❷　这些方法的具体描述详见附录。

❸　国际品牌集团，2013 年。

发的，通过这种媒介，作品可以被感知、复制或以其他方式传播，不论是直接的或借助于机器或装置。"❶ 世界知识产权组织（WIPO）《版权产业经济贡献调研指南》首次定义了版权密集型产业，后来，该定义也应用于研究美国经济。❷ 与《2012 年报告》一样，本更新报告中所述版权密集型产业的定义比世界版权组织的版权密集型产业定义狭窄，仅集中研究制作创意作品的产业，不包括与版权材料发行相关的几个产业。我们将版权密集型产业定义为主要负责创作或制作版权产品的产业。该产业组几乎包括传统上与创意作品制作相关的所有产业。❸

四、经济领域中的知识产权密集型产业

就业

2014 年，知识产权密集型产业共提供 2790 万个工作岗位，占美国整个经济体全部工作岗位的 18.2%（参见图 2 - 1），自《2012 年报告》发布以来，知识产权密集型产业提供的工作岗位，在 2010 年提供 2710 万个岗位的基础上总体处于上升趋势。尽管如此，由于非知识产权密集型产业提供的工作岗位也在上升，因此，整体上，知识产权密集型产业提供的工作岗位占美国全部工作岗位的比例小幅下降（2010 年为 18.8%）。如《2012 年报告》中所述，商标密集型产业提供了最多的工作岗位，这些产业在 2014 年提供了 2370 万个工作岗位（2010 年为 2260 万个），占知识产权密集型产业提供全部工作岗位的 85%（2010 年为 83%）。❹ 版权密集型产业提供了 560 万个工作岗位（2010 年为 510 万个），紧跟其后的是专利密集型产业，提供了 390 万个工作岗位（2010 年为 380 万个）。本报告中所述 81 个产业中，有 23 个产业属于一种以上知识产权保护形式的密集型产业。比如，音视频设备制造（北美产业分类代码：3343）产业既属于专利密集型产业也属于商标密集型产业。这些多密集型产业提供了 550 万个工作岗位（2010 年 24 个多密集型产业提供 450 万个工作岗位）。❺

---

❶ 《美国法典》第 17 部分第 102 条第（a）款。

❷ 世界知识产权组织 2003 年。参见 2009 年希维克。

❸ 关于我们所采用方法的更详细说明详见附录。

❹ 事实上，81 个知识产权密集型产业中，有 66 个产业属于商标密集型产业，这可能就是这些产业依然能为知识产权密集型产业提供大部分工作岗位的原因。

❺ 因为有些产业属于一种以上知识产权保护形式的密集型产业，所以各个产业组提供的工作岗位总和会超过整个知识产权密集型产业提供的总工作岗位数。550 万个工作岗位的计算方法：用商标、专利和版权密集型产业的总和减去总的知识产权密集型产业从业人数。

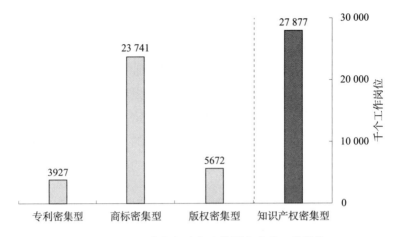

图 2 - 1　2014 年知识产权密集型产业的工作岗位

数据来源：基于经济与统计管理局使用劳工统计局工业生产力项目的数据进行计算。

注：估算包括有领取工资的职业，个体经营和无酬家庭从业人员。由于有几个产业同时属于商标和专利密集型，或商标和版权密集型，因此知识产权密集型产业总体从业人数少于专利、商标和版权密集型产业的从业人数之和。

　　在知识产权密集型产业领域，个体工商户占工作岗位的大部分，尤其是在版权密集型产业内，这种现象更甚。2014 年，个体工商户占 240 万个工作岗位（与 2010 年的相同），占知识产权密集型产业提供的工作岗位的 8.5%（2010 年为 8.9%）。与之相比，个体工商户占非知识产权密集型产业提供的工作岗位比例从 2010 年的 8.6% 下降到 2014 年的 7.2%（参见图 2 - 2）。

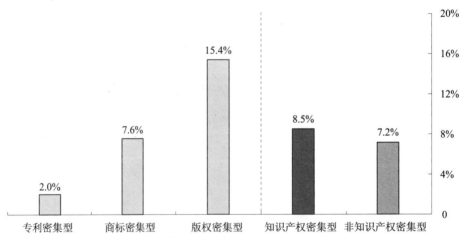

图 2 - 2　2014 年知识产权密集型产业当中个体经营者占全部就业的份额

数据来源：基于经济与统计管理局使用劳工统计局工业生产力项目的数据进行计算。

注：这个计算将个体经营者和无酬家庭工作者计入所有工作岗位的一部分。尽管如此，无酬家庭雇员仅占除了农业之外的个体工商户和无酬家庭雇员总和的百分之一。

右边的知识产权密集柱形图代表所有知识产权密集型（专利密集型、商标密集和版权密集型）产业。

就不同类型知识产权而言，2010 年以来个体工商户所占比例变化不大。在商标密集型产业其所占比例从 2010 年的 7.3% 上升到 2014 年的 7.6%；而专利和版权密集型产业中其所占比例分别（从 2.2%）下降到 2.0% 和（从 16.5%）下降到 15.4%。其中，个体工商户工作岗位份额在版权密集型产业中依然最高并不意外，因为创意和表演艺术工作中，人们通常为了完成或演出一个特定作品采用合同制，而不是采用工资制方式。尽管如此，也需要注意到，商标密集型产业依然提供最多的个体工商户工作岗位，达到 180 万个。

图 2-3 显示了过去 25 年知识产权密集型和非知识产权密集型产业就业增长趋势。正如《2010 年报告》中所示，2010 年和 1990 年知识产权密集型产业提供的工作岗位数量几乎相同，因为 20 世纪 90 年代工作岗位的大幅增长在 21 世纪开始之初出现大幅反转。但从 2010 年以来，这些产业提供的工作岗位数量出现反弹。从 2010~2014 年，在商标和版权密集型产业的推动下，知识产权密集型产业提供的工作岗位数量增长了 6%。2008 年金融危机后，专利密集型产业工作岗位数量出现小幅增长，这可能反映出专利密集型产业仅被限于制造业的事实。自 2010 年以来，非专利产权密集型产业工作岗位量超出知识产权密集型产业工作岗位量 2 个百分点。总体上，知识产权密集型产业的工作岗位数量指数在过去 25 年出现连续下降，从 1990 年的 21.0% 下降到 2000 年的 20.6%，再下降到 2014 年的 18.2%。

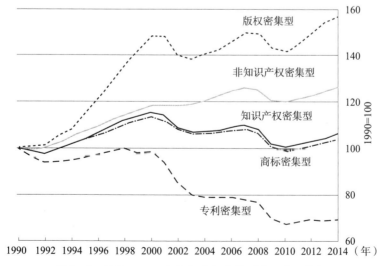

图 2-3　1990~2014 年知识产权密集型产业就业指数

数据来源：基于经济与统计管理局使用劳工统计局工业生产力项目的数据进行计算。

知识产权密集型产业提供的就业总数

2014 年，知识产权密集型产业直接提供了 2790 万个付薪或合同制工作岗位，同时，还有助于提供其他（非知识产权密集型）商品和服务（亦即供应链）产业的 1760 万个工作岗位。知识产权密集型产业总体上直接和间接地支撑了 4550 万个工作岗位，约占全部工作岗位的 30%。❶

图 2－4 显示了知识产权密集型产业的直接就业情况（灰色柱状）以及供应链的间接就业情况（灰色柱状下方的矩形）。自 2010 年以来，所有知识产权密集型产业的间接就业岗位均出现增长，其中商标密集型产业增长最多。2014 年，商标密集型产业间接提供 1730 万个工作岗位，而 2010 年为 1310 万个工作岗位。2014 年，版权密集型产业间接地支撑了 280 万个工作岗位，而 2010 年为 250 万个工作岗位。专利密集型产业间接支撑了 350 万个工作岗位，比 2010 年的 330 万个工作岗位有小幅上升。

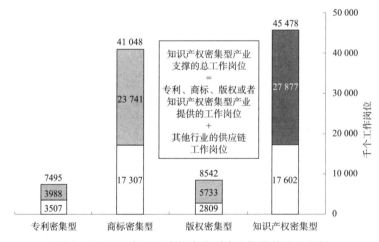

图 2－4　2014 年知识产权密集型产业提供的就业总数

数据来源：经济与统计管理局使用经济分析局产业分析办公室和劳工统计局工业生产力项目的数据进行计算。

注：估算包括有领取工资的职业，个体经营和无酬家庭从业人员。由于有几个产业同时属于商标和专利密集型，或商标和版权密集型，因此知识产权密集型产业总体从业人数少于专利、商标和版权密集型产业的从业人数之和。

---

❶ 这些估计数字来源于经济分析局产业会计处员工计算和分析的未出版的投入/产出表。数据与 2010 年 12 月年度投入/产出表的修订保持一致，并根据知识产权密集型产业最终需求而得出 2014 年重新定义的国内制造和使用表以及 2014 年从业预测。总产出需求表是基于制造和使用表计算出来的，采用的是刊登在 mathIO. doc 上的方法，该方法可在网上查询，网址：www. bea. gov/industry/zip/cxctr2002detail. zip。前面的报告中，非知识密集型产业工作岗位是使用美国经济分析局（BEA）提供的就业数据计算的。本更新报告中，就业衡量数据来源于美国劳工统计局的"产业生产力项目"，请点击下列网址了解该项目的具体内容：http：//www. bls. gov/lpc/lpc_ hours_and_employment. xlsx。利用下列网址将北美产业分类（NAICS）代码转换为产业代码：http：// www. bea. gov/industry/xls/GDPbyInd_VA_NAICS_1997－2012. xlsx。

如《2012 年报告》中所述，与商标和版权密集型产业相比，专利密集型产业供应链占全部间接就业工作岗位更大份额（47%），因此专利密集型产业严重地依赖于供应链。

除了通过供应链支撑间接就业之外，知识产权密集型产业也帮助支撑为商品和服务分销及贸易提供便利的下游企业。如果算上这些企业的间接就业，知识产权密集型产业支撑的全部工作岗位量将超过上述的 4550 万个。

按州划分的知识产权密集型产业付薪工作岗位

知识产权密集型产业付薪工作岗位在各个州之间的分布不平衡。图 2 - 5 所示为知识产权密集型产业所占就业工作岗位份额超过美国平均水平的美国各州。❶ 其中 18 个州（2010 年为 16 个州）所占就业工作岗位份额超过 18.9%（2010 年为 19.1%）的美国平均水平。除了几个例外情况之外，知识产权密集州主要集中在新英格兰、中西部上半部以及西部沿海一带。整体上，这种分布情况与《2012 年报告》中的分布情况类似。其中所占就业岗位份额超过美国平均水平的前五个州排名也类似。2014 年，所占就业岗位份额超过美国平均水平的前五个州分别是新罕布什尔州（23.1%）、康涅狄格州（23.0%）、威斯康星州（22.5%）、马萨诸塞州（21.9%）以及明尼苏达州（21.2%）。2010 年该榜中出现的佛蒙特州已被明尼苏达州取代。

如图 2 - 6 所示，商标密集型产业的各州分布情况与图 2 - 5 所观察到的知识产权密集型各州分布情况相似。在知识产权密集型产业提供的工作岗位超过美国平均水平的 18 个州中，其中也有 16 个州属于商标密集型产业提供的工作岗位超过美国平均水平的州。这反映了商标密集型产业对知识产权密集型产业工作岗位的贡献以及 81 个知识产业密集型产业中 66 个产业被指定为商标密集型产业的事实。只有弗吉尼亚州和俄勒冈州不属于商标密集型产业提供的工作岗位超过美国平均水平的州。

---

❶ 用于调查各州从业人数的数据来自劳工统计局就业和工资季度普查（QCEW），评估覆盖了从业情况。覆盖的从业情况是指州和联邦失业保险法覆盖的工作岗位，包括所有公民的薪酬及就业。覆盖的从业情况是指州和联邦失业保险法覆盖的工作岗位，包括所有公民的薪酬及就业。这些数据不包括个体经营者或无酬家庭从业人员。要了解更多关于劳工统计局就业和工资季度普查的信息，请参阅：www.bls.gov/cew。

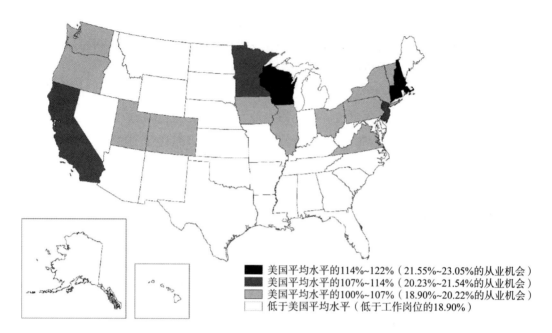

美国平均水平的114%～122%（21.55%～23.05%的从业机会）
美国平均水平的107%～114%（20.23%～21.54%的从业机会）
美国平均水平的100%～107%（18.90%～20.22%的从业机会）
低于美国平均水平（低于工作岗位的18.90%）

图 2-5　2014 年美国各州知识产权密集型产业工作岗位比重

数据来源：美国商务部、首席经济学家办公室利用美国劳工统计局《就业及工资季度调查》中的数据进行的相关计算。

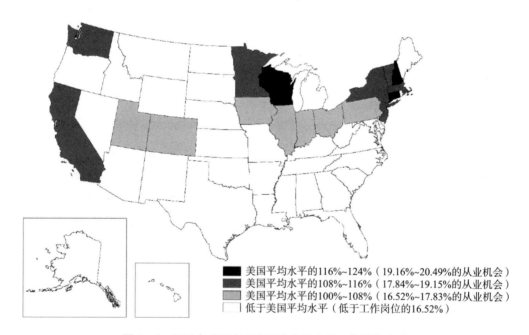

美国平均水平的116%～124%（19.16%～20.49%的从业机会）
美国平均水平的108%～116%（17.84%～19.15%的从业机会）
美国平均水平的100%～108%（16.52%～17.83%的从业机会）
低于美国平均水平（低于工作岗位的16.52%）

图 2-6　2014 年美国各州商标密集型产业工作岗位比重

数据来源：美国商务部、首席经济学家办公室利用美国劳工统计局《就业及工资季度调查》中的数据进行的相关计算。

2014 年，专利密集型产业提供的工作岗位份额超过美国平均水平的州有 23 个，而 2010 年这个数字是 21（参见图 2-7）。2014 年，德克萨斯州、奥克拉荷马州和堪萨斯州加入到榜单中，而佛蒙特州从这一榜单中出局。新英格兰和中西部上半部各州继续占据最高份额。

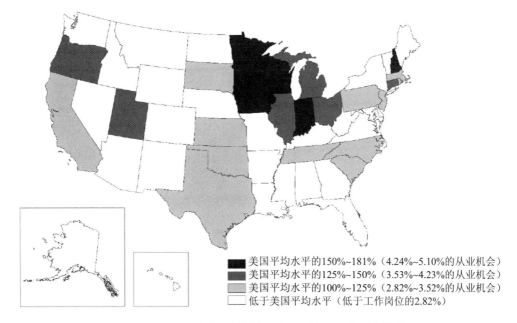

美国平均水平的150%~181%（4.24%~5.10%的从业机会）
美国平均水平的125%~150%（3.53%~4.23%的从业机会）
美国平均水平的100%~125%（2.82%~3.52%的从业机会）
低于美国平均水平（低于工作岗位的2.82%）

图 2-7　2014 年美国各州专利密集型产业工作岗位比重

数据来源：美国商务部、首席经济学家办公室利用美国劳工统计局《就业及工资季度调查》中的数据进行的相关计算。

2014 年，版权密集型产业提供的工作岗位份额超过美国平均水平的州有 14 个，其中 11 个州也上了 2010 年的榜单。其中明尼苏达州从榜单中出局，而伊利诺斯和新罕布什尔州则新入榜。如上一个报告所述，这些州主要分布在东部和西部沿海区域（参见图 2-8）。

整体上，2010 年专利、商标和版权密集型产业提供的工作岗位份额均超过美国平均水平的 6 个州中仍有 5 个州出现在 2014 年的榜单中。这些州是加利福尼业州、康涅狄格州、马萨诸塞州、新泽西州和犹他州。另外，2014 年俄勒冈州和华盛顿州成为知识产权密集型州。俄勒冈州进入榜单是因为其专利密集型产业份额上升，而华盛顿州进入榜单的原因是其商标密集型产业份额上升。这些结果表明知识产权的利用在地理区域有所扩展。

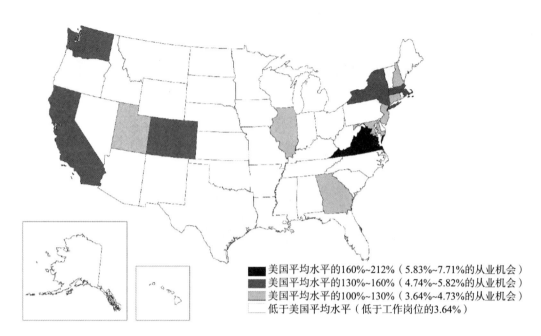

图 2-8　2014 年美国各州版权密集型产业工作岗位比重

数据来源：美国商务部、首席经济学家办公室利用美国劳工统计局《就业及工资季度调查》中的数据进行的相关计算。

平均工资

知识产权密集型产业雇员的薪金依然远高于非知识产权密集型产业雇员的薪金。2014 年，知识产权密集型产业雇员的平均周薪比非知识产权密集型产业雇员的平均周薪高出 46%（2010 年为 42%）（参见图 2-9）。

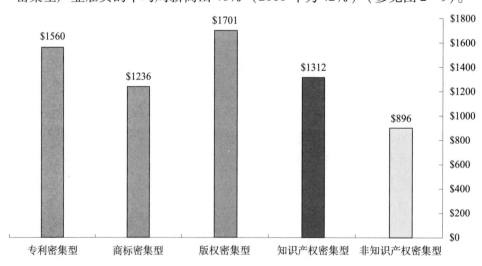

图 2-9　2014 年知识产权密集型产业员工的平均周薪

数据来源：经济与统计管理局用劳工统计局就业和工资季度普查的数据进行计算。

　　例如，非知识产权密集型产业雇员每周赚 896 美元，而专利和版权密集型产业雇员每周将分别赚 1560 美元和 1701 美元。商标密集型产业雇员的平均周薪为 1236 美元，虽然不及专利和版权密集型产业雇员的周薪，但仍然比非知识产权密集型产业雇员的平均周薪高出 38%。

　　图 2－10 显示了知识产权密集型产业雇员的工资溢价趋势。❶ 这些工资溢价出现一些显著波动，但总体上是上升的。1990 年后的 10 年间，知识产权密集型产业雇员的工资溢价从 22% 上升到 38%，虽然 21 世纪初缺乏增长基础，但从 2002 年后，仍然呈现稳定增长态势。到 2014 年，知识产权密集型产业工资溢价达到 46%。商标密集型产业雇员的工资溢价也是遵循类似路径。

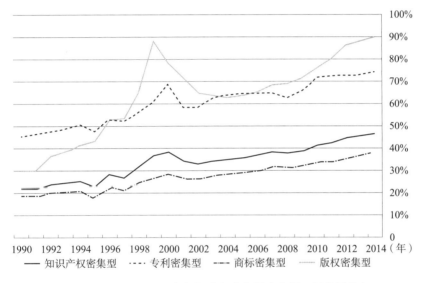

　　　　　　　— 知识产权密集型　　…… 专利密集型　　-·-· 商标密集型　　······ 版权密集型

图 2－10　1990～2014 年知识产权密集型产业员工平均周薪与非知识产权密集型产业员工平均周薪比对

数据来源：经济与统计管理局用劳工统计局就业和工资季度普查的数据进行计算。

　　1990 年，商标密集型产业需要多支付 19% 的工资，随着工资溢价，到 2000 年，需要多支付 29% 的工资，而到了 2014 年，需要多支付 38%。专利密集型产业的工资溢价起初的时候是 45%，经过 20 世纪 90 年代快速上升，2000 年达到 69%。这种急速上升趋势在 2001 年出现反转，从 2008 年再次上升之前的最近十年，增长速度处于相当平稳状态。2014 年，专利密集型产业雇员的平均工资溢价为 74%。

❶　工资溢价衡量知识产权密集型产业雇员工资同非知识产权密集型产业雇员工资的百分比差异。这属于溢价，因为知识产权密集型产业内的平均周薪都比较高。

版权密集型产业的工资溢价经历了比上述趋势更加剧烈的增长过程。1990 年，这些产业的雇员比非知识产权密集型产业雇员平均多赚 30%。接下来 10 年该工资溢价增长了 3 倍，到 1999 年达到 88%。在之后的 5 年里，增幅下降到 63%，但 2014 年又增长到 90%。2014 年，全部四组产业的工资溢价比过去 24 年任何一点的工资溢价都要高。

教育背景

在竞争激烈的劳动力市场上，工资与员工的生产力密切相关，受教育程度是劳动者的技能和预期生产力之间的常用评估标准。因此，我们预期知识产权密集型产业的工作人员具备相对较高的教育程度。2010 年的数据与这种假设比较吻合，知识产权密集型产业 25 岁及以上的工作人员有 42.4% 获得学士或以上学位，而非知识产权密集型产业的这一数据仅为 34.2%。❶ 尽管如此，《2015 年当前人口调查》提供的数据表明，这种教育差距已基本消除（参见图 2 - 11）。2015 年，知识产权密集型产业的工作人员中获得学士或以上学位的比例下降到 39.8%，而与此同时，非知识产权密集型产业工作人员的这一比例却上升到 38.9%。除了因为非知识产权密集型产业工作人员的教育程度上升之外，商标密集型产业也对教育程度差距缩小作出了贡献。2015 年，商标密集型产业工作人员拥有大学本科或以上教育程度的比例下降到 36.6%（2010 年为 38.8%）。与之相比，版权密集型产业工作人员拥有大学本科或以上教育程度的比例却（从 2010 年的 61.2%）上升到 66.4%，专利密集型产业工作人员拥有大学本科或以上教育程度的比例却（从 2010 年的 38.7%）上升到 41.7%。

正如 2010 年的情况一样，2015 年，版权密集型产业工作人员受教育程度在三种知识产权产业最高，其中 20.7% 有研究生学历，而仅 1.6% 的为高中以下文凭。专利密集型产业工作人员获得学士学位的比例较低，为 41.7%，但仍然高于非知识产权密集型产业的相应比例。尽管如此，2015 年商标密集型产业拥有大学本科或以上学历工作人员的比例低于非知识产权密集型产业拥有大学本科或以上学历工作人员的比例。

---

❶ 这些估值是根据 2010 年和 2015 年最新人口调查公开微观数据进行计算的，该数据可通过人口普查局用 Ferrett 在 ferrett. census. gov 查到。

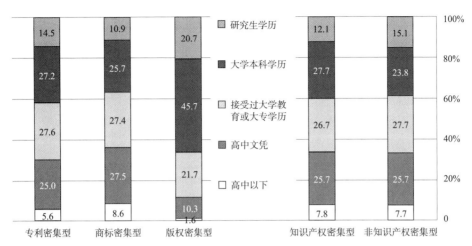

图 2 – 11　2015 年知识产权密集型产业员工按教育程度分布

数据来源：《2015 年当前人口调查》，公用微数据文件及 ESA 计算。估算限于年龄在 25 岁及以上的从业人员。

增加值

知识产权密集型产业工作岗位数量在 2010 ～ 2014 年继续上升，而同一期间非知识产权密集型产业工作岗位数量的上升幅度增长更快些。因此，知识产权密集型产业提供的工作岗位数量占总工作岗位量的比例从 2010 年的 18.8% 下降到 18.2%（参见图 2 – 12）。相反，2010 ～ 2014 年，知识产权密集型产业的增加值无论在总量上还是占 GDP 份额方面都实现了大幅增长。知识产权密集型产业创造的增加值从 2010 年的 5.06 万亿美元增加到 2014 年的 6.6 万亿美元，增加了 1.54 万亿美元（增幅约 30%）。因此，知识产权密集型产业对美国 GDP 总量贡献率从 2010 年的 34.8% 上升到 2014 年的 38.2%。

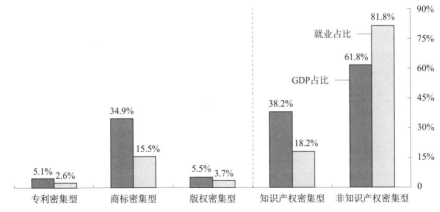

图 2 – 12　2014 年知识产权密集型产业增加值及就业比例

数据来源：经济与统计管理局使用经济分析局行业分析办公室，国民收入和生产核算，以及劳工统计局工业生产力项目的数据进行计算。

商标和版权密集型产业似乎成为最近增加值增长的动力。2010～2014年，商标和版权密集型产业对 GDP 的贡献率分别从 30.8% 上升到 34.9%以及从 4.4% 上升到 5.5%。2014 年仅商标密集型产业就贡献了 6.1 万亿美元的增加值（2010 年为 4.5 万亿美元）。2010～2014 年，专利密集型产业增加值从 7630 亿美元增加到 8810 亿美元。尽管如此，因为增加值增长落后于其他类知识产权密集产业，所以专利密集型产业对 GDP 的贡献率从 2010 年的 5.3% 下降到 2014 年的 5.1%。

知识产权收入

到目前为止，知识产权密集度在产业层面上以每个雇员的专利、商标和版权数来定义。虽然这种方法根据产业规模差异调整了知识产权总持有量，但该方法不能直接计算与知识产权使用相关的收入。用收入来定义知识产权密集度更具局限性，因为其需要知识产权持有人直接将总收入一部分归因于知识产权持有量，而由于知识产权资产的无形性特点，很难做到这一点。在理想情况下，可获取关于产业知识产权带来的全部收入的信息，其中包括知识产权作出的可衡量或不可衡量的贡献。有了这方面的信息，便可找到知识产权密集度的替代衡量标准，可将其定义为知识产权总收入或者知识产权收入占总收入的比重，这是另外一种调整产业规模的方法。

虽然不存在这类综合信息，但是美国经济普查确实提供了一些与知识产权许可、使用费以及知识产权其他交易形式相关的可衡量收入的数据。美国人口普查局每五年进行一次经济普查，在进行经济普查过程中，将要求各个公司按照特定产品线来报告销售情况。[1] 其中有 91 个产品线被确定为与知识产权相关。[2] 将 91 个产品线的收入分别加总后，根据各自知识产权收入与整个产业总收入之比，可以作为衡量知识产权密集度的标准。

表 2-1 显示了 29 个有知识产权相关收入的 4 位数代码北美产业分析体系产业，并根据它们 2012 年知识产权收入占总收入的比重进行排名。知识产权相关收入分布相当集中，其中有 6 个产业的知识产权收入份额超

---

[1]　经济普查是美国政府衡量美国商业和经济的官方五年措施。由美国人口普查局进行经济普查，法律要求普查对象予以响应。最近一次经济普查于 2012 年完成。2012 年 10 月至 12 月，向将近 400 万家企业发出调查表，这些企业包括美国各地和各个产业的大中小型公司。要求普查对象提供一系列关于他们公司的经营和业绩数据。要了解更多关于此次经济普查的信息，请登录网址：http://www.census.gov/econ/census/。经济普查所涵盖的所有经营机构的产业分类以北美产业分类系统（NAICS）为基础。关于经营机构更多产业分类信息，请登录网址：http://www.census.gov/econ/census/help/naics_other_classification_systems/industry_classification_of_establishments.html。

[2]　附录中表 A-11 所示为这些代码的完整清单。

过11.3%的平均水平（在经济普查收集其知识产权相关收入的各个产业中），并且这些产业的知识产权收入占到从知识产权相关产品获得的总收入的82%。通过使用雇员人均知识产权数据方法进行计算后，这6个产业也都被确认为知识产权密集型产业。

表 2-1 2012 年按知识产权收入排名的具有知识产权相关收入的产业

北美产业分析体系代码	知识产权密集型	产业名称	知识产权相关收入（百万美元）	累计份额	知识产权收入比重（知识产权/总收入）
5121	X	电影和视频产业	48 182	35.0%	59.7%
5331	X	非金融无形资产出租	18 615	48.5%	56.4%
7115	X	独立艺术家、作家和演员	7524	54.0%	50.3%
5122	X	唱片产业	5198	57.8%	46.4%
5152	X	有线及其他收费节目	29 284	79.0%	46.0%
7111	X	演艺企业	3605	81.6%	26.0%
7114		公众人物经纪人和管理人	637	82.1%	10.9%
5191	X	其他信息服务	5294	85.9%	5.6%
7113		表演艺术、体育和类似活动推广	988	86.7%	5.4%
7112		观赏性体育	1663	92.4%	5.0%
5151	X	广播电视	2217	94.0%	3.5%
8139		专业和类似组织	2006	95.5%	3.1%
5111	X	报纸、期刊、书籍和名录出版商	1140	96.3%	1.1%
5112	X	软件发行商	1922	97.7%	1.1%
6114		商学院和计算机及管理培训	63	97.7%	0.6%
5511		企业管理	676	98.2%	0.6%
5411		法律服务	920	98.9%	0.4%
8133		社会倡议组织	61	98.9%	0.2%
5415	X	计算机系统设计及相关服务	814	99.5%	0.2%
5419	X	其他专业、科学和技术服务	123	99.6%	0.2%
8134	X	民间和社会组织	24	99.6%	0.1%
5418	X	广告、公共关系及相关服务	107	99.7%	0.1%
7121		博物馆、历史遗址及类似机构	18	99.7%	0.1%
5413		建筑、工程及相关服务	268	99.9%	0.1%
8132		资助服务	80	100.0%	0.1%
5179	X	其他电信	13	100.0%	0
8129		其他个人服务	3	100.0%	0
5171	X	有线电信运营商	21	100.0%	0
总计		有知识产权相关收入的所有产业	137 684	100.0%	11.3%

数据来源：美国经济和统计管理局使用美国人口普查局 2012 年经济普查的数据进行计算。

注：密集度测量方法是每个北美产业分析体系 4 位代码产业从受知识产权保护资产的许可中获得的收入占总收入的百分比。

总的来说，通过使用雇员人均知识产权数据方法进行计算后，2012年，有知识产权收入的29个产业中，有15个产业也被分类为知识产权密集型产业。在之前未分类的14个产业中，有5个产业涉及"其他服务（公共管理除外）"领域，有4个产业涉及艺术、娱乐和休闲领域，4个产业涉及专业、科学及技术服务领域，1个产业涉及信息领域。

也可将经济普查中的产品线代码中明确提及知识产权许可作为收入来源的产业进行分组。如表2-2所示，2012年，知识产权许可总收入达到1152亿美元，其中28个产业有知识产权许可收入。在这些产业中，动画和视频产业的收入最多，2012年达到416亿美元，跟随其后是有线电视及其他订阅产业以及非金融无形资产出租商。这三个产业不仅占所有知识产权许可直接收入近78%的份额，而且许可收入所占份额也最大，平均占全部收入的50.7%。

表2-2　2012年按产业分类的知识产权许可收入

北美产业分析体系代码及产业名称		知识产权许可收入（百万美元）	占总收入份额（%）
总计		115 174	5.2
5121	动画及视频产业	41 595	51.5
5152	有线电视及其他订阅节目	29 284	46.0
5331	非金融无形资产出租商	18 615	56.4
5191	其他信息服务	5294	5.6
5417	科学研究开发服务	5238	4.5
5122	录音产业	3014	26.9
5151	广播电视	2217	3.5
8139	专业及类似组织	2006	3.1
5112	软件发行商	1922	1.1
7115	独立艺术家、作家及演员	1353	9.0
5111	报纸、期刊、书籍和名录出版商	1140	1.1
5415	计算机系统设计及相关服务	814	0.2
5511	公司企业管理	676	0.6
7112	观赏性体育运动	607	1.8
7114	公众人物经纪人和管理人	348	6.0
5413	建筑、工程及相关服务	268	0.1
7111	表演艺术公司	168	1.2
7113	表演艺术、体育和类似活动推广	129	0.7
5418	广告、公共关系及相关服务	107	0.1
5419	其他专业、科学及技术服务	97	0.1

续表

	北美产业分析体系代码及产业名称	知识产权许可收入（百万美元）	占总收入份额（%）
8132	资助服务	80	0.1
6114	商学院和计算机及管理培训	63	0.6
8133	社会宣传组织	61	0.2
8134	民间及社会组织	24	0.1
5171	有线电信运营商	21	0.0
7121	博物馆、历史遗址及类似机构	18	0.1
5179	其他通信	13	0.0
8129	其他个人服务	3	0.0

数据来源：美国人口普查局 2012 年经济普查。

对外贸易

通过使用员工人均知识产权数进行产业分类后发现，知识产权密集型产业仍旧占美国进出口的大部分份额。2010～2014 年，商品出口总额从 7550 亿美元上升到 8420 亿美元。尽管如此，因为非知识产权密集型产业的出口增长速度更快，所以知识产权密集型产业的商品出口额占商品出口总额的比重从 2010 年的 60%下降到 2014 年的 52%。2014 年，知识产权密集型产业商品进口总额达 13 910 亿美元，与 2010 年相比变化不大，但是，其占美国商品进口总额的比例从 2010 年的 69.9%下降到 2014 年的 59.3%。

2014 年按产业划分的出口情况与 2010 年的情况非常类似。2014 年，制造业占知识产权密集型产业商品出口额的 96%，而 2010 年这一指标为99%。而在这两个年份中，知识产权密集型产业商品出口的剩下部分均由石油天然气开采和非金属矿产占据。而制造业中，基础化工领域的出口额领先，从 2010 年的 584 亿美元上升到 2014 年的 645 亿美元。半导体及其他电子元件领域出口额曾在 2010 年以 640 亿美元占据榜首，而 2014 年却卜降到 548 亿美元（参见图 2－13）。

服务贸易数据较为有限，尽管如此，通过最近的经济普查数据，我们还是可以获得关于 2012 年服务出口账目的具体信息。我们发现，2012 年，服务类知识产权密集型产业出口额为 810 亿美元（2007 年为 900 亿美元），占到美国私营服务类企业出口总额的 12.3%（2007 年为 19%）。如图 2－14 所示，软件发行商的出口额为 227 亿美元，继续领跑服务类出口。然而，2012 年，项目组合管理产业的出口额达到 136 亿美元，取代了

2007 年榜单中排名第二的动画及视频产业。后者的出口额从 2007 年的 153 亿美元下降到 2012 年的 73 亿美元，占服务类知识产权密集型产业出口下降的大部分。2012 年其他主要服务出口类别包括计算机系统设计（78 亿美元）、动画及视频制作（73 亿美元）、管理及技术咨询（71 亿美元）以及有线通信运营商（52 亿美元）。

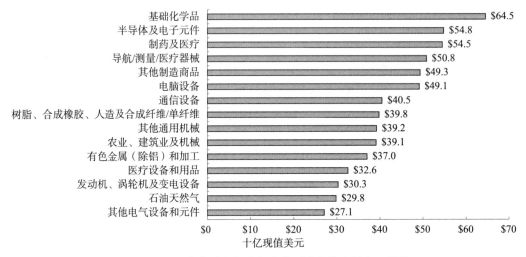

图 2 – 13　2014 年部分知识产权密集型产业的商品出口额情况

数据来源：经济和统计管理局利用人口普查局外贸部的数据进行计算。

注：所选择的产业占知识产权密集型产业商品出口的 76.5%。

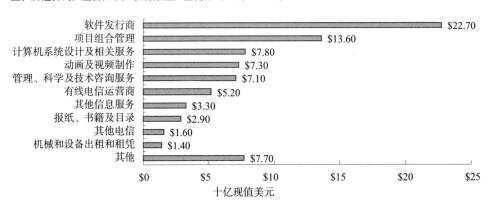

图 2 – 14　2012 年服务类知识产权密集型产业的出口额情况

数据来源：经济和统计管理局使用人口普查据 2012 年经济普查的数据进行计算。

五、结论

2012 年报告《知识产权及美国经济：聚焦产业》确定了知识产权密集型产业，并量化了其对美国经济的贡献。根据《2012 年报告》可以发现，2010 年，知识产权密集型产业支撑了 4000 多万个工作岗位，实现约

5.06 万亿美元的增加值，占美国 GDP 的 34.8%。本报告对《2012 年报告》的某些结果进行更新，显示 2014 年知识产权密集型产业支撑了 4550 万个就业岗位，贡献了 6.6 万亿美元的增加值，占美国 GDP 的 38.2%。另外，本报告巩固了早期研究成果，即知识产权的使用渗透到美国经济各个方面，知识产权密集度不断上升，知识产权的使用遍布美国。

除了关于广泛利用知识产权的数据外，政策制定者还想要了解更多关于如何有效地利用知识产权刺激经济活动的信息。然而，想要了解知识产权使用的效力和益处就需要理解知识产权所有者赋予自己资产的价值，以及如何将这种价值转换为激励，从而创造更多新商品和服务。虽然对知识产权福利的分析超出本报告范围，但有证据表明这类分析将成为未来工作重点方向。

当有了将各种类型发明者和公司与知识产权资产联系起来的更精细数据，我们就可以开始回答一系列有关知识产权在经济中所起作用的问题。尤其是政策制定者可从知识产权用户是否寻求知识产权保护以促进创新财务投入、支持企业流动性、促使技术转让，以及这些优势在多大程度上促进发明活动的研究中受益。要想了解知识产权在不同处境公司的业绩以及经济方面所扮演的角色就需要采用不同的研究方法和坚持不懈的努力，现在，这一切都在进行中。

附录

本附录中，我们详细讨论用什么方法来确定知识产权密集型产业属于三种知识产权类型（亦即专利、商标和版权）中的哪种类型。使用的方法与《2012 年报告》中使用的方法非常接近。我们也提供一个从《经济普查》得出的知识产权相关产品代码表，相关内容已在第四节的"知识产权收入"进行了讨论。

专利

根据发明内容不同，专利被分成 450 多个专利"技术类"。[1] 另外，美国专利商标局将技术分类体系和 30 个北美产业分类（NAICS）代码之间制成了参照关系表，使分析人员能够将发明专利和这些产业关联起

---

[1] 发明专利可以分为多个技术类别，但根据它们的主分类号进行组织。

来。❶ 我们主要利用2009～2013年基于北美产业分析体系的专利数确定专利密集型产业。❷ 正如一项专利可以有一个以上的技术分类，基于北美产业分析体系的专利数也可同多个产业联系起来。对于植物或设计专利，因为和北美产业分类没有相似参照关系，因此该方法只使用了发明专利。❸由于该参照关系表只适用于制造产业中的专利，因此本方法严格限定于制造部门的专利分析。某些服务类产业的生产过程也可能依赖于发明专利，但这些产业却没有包括在我们使用的专利—北美产业分析体系参照关系表中。

分数专利计数与整数专利计数的比较

美国专利商标局使用两种不同的计数方法报告北美产业分析体系分类的专利数据。第一种方法是将一项专利在该专利每个相关产业里都计算一次。第二种方法是将每个专利除以与该专利相关的产业数，得出该专利的分数计数。该分数计数的总和等于给定年份的授权专利总量，而各产业专利整数计数的总和会大于授权专利总量。对给定的产业或技术大类的专利分析通常使用整体计数法。对于跨产业的分析通常使用的分数计数法，以避免过度计数。基于这个原因，本报告采用了分数计数法。❹ 需要注意的是，美国专利商标局维护的北美产业分析体系参照关系表通过该专利在经济中的最终使用才能和每项专利产生联系。实践中，这意味着无论拥有专利的公司是否为制造商或者是该公司是否是分类为服务类公司，专利都直接与制造业北美产业分析体系产业代码相对。❺

研究方法

使用美国专利商标局的参照关系表，我们得出计算产业专利"密集度"的方法，即北美产业分析体系分类中某个产业近五年内的专利总量与该产业平均领薪雇员人数之比。因为从业人数是划分产业规模的标准，专

---

❶ 该参照关系表由美国专利商标局创立，得到了美国国家科学基金会的资金支持。有关北美产业分类体系（NAICS）的具体情况，请访问网址：www. census. gov/eos/www/naics/index. html。

❷ 参见：www. uspto. gov/web/offices/ac/ido/oeip/taf/data/misc/patenting_trends/info_ptrends2008. txt。

❸ 与技术专利的规模相比，外观设计专利分为33类，植物品种专利只有一个专利分类。请登录网址了解更多关于发明专利的信息。

❹ 应该指出的是，使用分数专利计数统计法与我们处理商标注册有所不同，后者只有按类别的整数注册计数法适用。

❺ 有关专利数据的性质和说明，参见：www. uspto. gov/web/offices/ac/ido/oeip/taf/govt/ naics/explan_naics. htm。

利数量除以从业人数使专利活动按产业规模进行了标准化。❶ 这种方法有助于把所有产业专利密集度的评价纳入一个统一的标准，因此专利最密集型产业并不是拥有专利数量最多的产业，而是从业人员人均专利数量最多的产业。

利用五年期（本报告中为 2009～2013 年）而不是一年期可以降低任何给定年度的异常几率，从而降低我们研究结果的偏差。研究中尽可能使用了北美产业分析体系最细产业分类级别进行分析，分析结果包括 4 位代码产业，一些个别的 3 位代码产业以及 3 位代码和 4 位代码的结合。❷ 如表 2 – 3 所示，大多数专利密集型产业都属于 4 位代码北美产业分析体系产业，这可能是因为细分产业天然具有专利密集型的特点。

表 2 – 3　2009～2013 年专利密集度

北美产业分析体系代码	产业名称	专利（数量）	从业（1000 个工作机会）	专利密集度（专利数/1000 个工作机会）
3341	计算机和外围设备	10 5476	160. 2	658. 40
3342	通信设备	65 854	113. 2	581. 75
3343，–6	其他计算机和电子产品	11 412	44. 7	255. 30
3345	导航、测量、电子医疗及控制设备	59 266	406. 6	145. 76
3344	半导体及其他电子元件	55 072	381. 5	144. 36
3251	基础化学品	16 223	143. 3	113. 21
3399	其他	27 872	318. 3	87. 57
335	电气设备、家电及零部件	29 729	371. 9	79. 94
3391	医疗设备和用品	23 678	315. 5	75. 05
3254	制药	20 317	276. 7	73. 43
3253，–5，–6，–9	其他化工产品和制剂	15 123	286. 2	52. 84
333	机械	50 978	1069. 0	47. 69
3252	树脂、合成橡胶、人造及合成纤维/灯丝	2845	91. 7	31. 03
326	塑料和橡胶制品	12 250	637. 8	19. 21
332	焊接金属制品	22 574	1387. 2	16. 27
3365，–6，–9	其他运输设备	3008	186. 4	16. 14
3361，–2，–3	汽车、拖车及部件	11 770	740. 2	15. 90

---

❶　增加值和总产量是衡量产业规模的两个可选标准。尽管如此，由于存在数据保密限制，无法得到本次分析所需具体程度的各项估计资料。

❷　在北美产业分析体系中，3 位代码比 4 位代码覆盖产业范围更广，例如，北美产业分析体系代码为 236 的"建筑行业"所涵盖的产业范围就大于北美产业分析体系 2361"住宅用建筑行业"的范围。

续表

北美产业分析 体系代码	产业名称	专利 （数量）	从业（1000 个 工作机会）	专利密集度 （专利数/1000 个 工作机会）
327	非金属矿产品	5462	392.8	13.91
313，-4， -5，-6	纺织品、服装和皮革	4623	467.2	9.90
3364	航空产品和零部件	4295	492.8	8.72
337	家具及相关产品	1789	388.7	4.60
331	原生金属	1369	385.8	3.55
321	木制品	1264	372.6	3.39
322，-3	造纸、印刷和支持活动	1922	897.1	2.14
312	饮料及烟草制品	333	195.1	1.71
311	食品	971	1500.5	0.65
总计		555 488	12 023.0	46.20

数据来源：美国专利商标局使用经济分析局产业分析办公室和劳工统计局工业生产力项目数据进行的计算。

注：专利密集度是指专利与就业人数之比，用每千个工作岗位专利数来衡量。

商标

与专利不同，很少有学术研究探讨产业使用商标情况。2012 年度报告基于原创性研究、数据和测量理论，也许是对美国产业商标使用情况的首次综合分析。下文详细介绍的现有报告中使用的方法源自《2012 年报告》中设计采用的方法。首先，我们认识到每个注册商标都是对商品和服务类型的描述，这些商品和货物在商业中使用该受保护的商标。美国专利商标局为方便管理，将商品和服务进行分类，商标注册申请人必须单独提供文件对商标的含义进行说明，并支付申请和维护费用。❶ 这使得处理商标注册数据的方法不同于处理专利授权数据的方法。

商标注册的申请和维护费是按商标所含商品或服务的类别进行分别支付的，商标持有人可选择在续约时只注册首次注册时所含的商品或服务类别中的部分类别，而不是全部类别。❷ 因此，持有一个包含"多类"商品或服务的商标实际上相当于持有多个类别的注册，每一个代表一类。

❶ 关于商标类别的列表，请参阅《商标审查程序手册》（TMEP）1400 章（2016 年 4 月版）。费用也是商标所使用的申请类型的一个表现形式。有关商标注册流程的更多信息，参见：www. uspto. gov/trademarks/basics/Basic-Facts_with_correct_links. pdf 上的"商标基础知识"。

❷ 为支付管理费用而登记的商品或服务分组使用每个类别可能包括各种商品或服务。只有使用标记或与标记有关的各个产品或每项服务才可能使用商标。商品和服务分类并不决定某一标记的保护范围。

因此，在报告中是基于把注册单一类别所对应的商标作为基本统计单位进行分析，产生按类登记注册数。例如，如果一个标记（或标识）包含3种类别，❶ 我们在分析中的输入测度将反应三种商标注册数，每一个代表一类。

我们采用的识别商标密集型产业的方法与识别专利密集型产业的方法不尽相同。对于确定专利密集型产业，每个专利只整体计算一次；对于确定商标密集型产业，每个商标按其所属类别计算一次，因此对包含多个类别的商标统计数量可能整体上计算一次以上。由于不容易确定哪些商标注册类别是相对更重要的，我们采用了根据费用系统实际情况确定商标类别的计量方法。❷ 由于每种商标类别注册都需支付给美国商标专利局固定的申请费，商标注册的类别越多，表示支付给美国专利商标局的费用越多。通过统计商标申请费的方式衡量商标注册和专利申请数量对于知识产权密集度的估算十分有效。

因为商标注册是通过类别而不是产业来划分，所以对这些数据在北美产业分析体系产业分类中没有与美国专利商标局数据的对应。由于方法限制，没有一个单独简单的方法来估出各产业对应的商标密集度。相应地，因为商标密集度的计算是一项新兴的研究，我们选择了具有包容性的三管齐下的方法来识别商标密集型产业。

我们依靠三个相关但截然不同的方法，使用了在美国专利商标局注册商标的不同的样本企业。第一种方法与本报告前面提到的识别专利密集型产业的方法最接近。从全套商标注册开始，我们通过交易公司的名称来公开和单独的数据库匹配，该数据库包含公司主要产业和员工数量的信息。这些数据使我们能够分产业计算相关商标密集度。在第二种方法中，我们选择了在美国专利商标局注册商标数量最多的前50名企业（不同于第一种方法，因为所选择的企业包括上市和非上市企业），并识别出现重复的产业。为了帮助纠正前两种方法对更小、更新的企业所具代表性低估的倾向，我们选用的第三种方法侧重于从2009财年到2013财年美国企业商标注册的完整数据库中随机抽取的典型企业随机样本。

---

❶ 例如，标记"耐克"作为商标分别在（a）软件，（b）高尔夫设备，以及（c）眼镜领域都进行了注册。其美国商标注册号分别为3406 594、338 9746和3 081 688，对应耐克公司。
❷ 我们可以按从业人员的数目作为权重来衡量企业，但是确定一个商标的权重会更困难。

商标密集度

方法 1

与我们定义专利密集度的方法类似，我们将商标密集度定义为特定产业商标注册数与从业人数之比。因此，我们测量了每一名员工的商标注册数量。美国专利商标局最初为专利分析制定了一个企业名称标准化程序，以便将新注册商标的企业与标准普尔数据库中的上市公司注册商标数进行比对。[1] 这种比对识别出 2009～2013 财年进行商标注册和商标续期记录中的 507 008 个不同的标准化企业名称。这些企业从 2009 财年到 2013 财年至少更新和续期一个商标。我们将这些记录同 Compustat 数据库中提取出来的 9531 种标准化母公司记录进行合并。其中 3094 家企业成功匹配由于标准普尔数据库记录还包括 北美产业分析体系代码，我们能够计算 4 位北美产业分析体系产业的商标注册和从业总数，然后根据每一个产业的每一位员工注册的匹配公司商标的数目来估计产业商标密集度。[2]

因为标准普尔数据库不记录母公司和子公司或附属公司之间的关系，商标注册人的身份只和向美国政府报告财务报表的公开交易母公司匹配。因此，与母公司名字不同的子公司以自己的名义注册的商标不能用该方法获取。[3]

表 2-4 所示为 2009～2013 年使用三种方法中第一种方法确定的商标密集型产业。与《2012 年报告》中关于 2004～2008 年期间商标密集型产业清单相比，本报告中商标密集型产业清单虽然存在明显不同，但是也出现了明显的重合情况。其中主要有两种不同情况。第一，如果两种情况下的方法相同，本报告中详尽的数据清理过程将导致整体上涵盖属于某一产业并有商标注册的各个公司。第二，如果只有最少五家公司被确定属于该产业，该产业才能被加入到商标密集型产业的数据之中。因此，仅多一个公司就能够决定某一产业是否确定为商标密集型产业。虽然可能性比较低，但是一旦出现这样的情况，将对某些产业的排序造成重大影响。例如，虽然土地细分（北美产业分析体系代码：2372）在之前的报告中不

---

[1] 这种方法之前曾在专利分析中得到了应用，特别是在 Hall、Jaffe 和 Trajtenberg 2001 年的论文中有详细论述。

[2] 从匹配的企业在商标方面与不匹配的企业存的差异方面来说，我们确定的商标密集度是有偏差的。然而，我们的分析的焦点不在个别偏差，而是在对整个产业的分析是否存在偏差。

[3] 出于这个原因，该方法不仅偏向于重视大型上市企业，还重视那些具有特定商标注册方法的企业。这与专利学术理论相一致，专利学术理论认为知识产权所有权可能在这些方面展现出系统差异。请参阅阿罗拉，2011 年，29～30 页。

视为商标密集型产业，但是在表2-4中，土地却位于当前清单榜首位置。尽管出现这些不同，但是我们也再次发现了两个时期的高度一致性，2012年有超过65%的产业被视为商标密集型产业，本清单中也同样包括这些商标密集型产业。

表2-4 2009~2013财年高于商标密集度平均值的产业

北美产业分析 体系代码	产业名称	商标密集度 （商标数/1000个员工）
2372	土地细分	59.4
5259	其他投资池和资金	47.9
3399	其他制造业	46.2
3343	音频和视频设备制造	30.4
3351	电气照明设备	21
3219	其他木质产品	20.8
5191	其他信息服务	16
4541	电子购物及邮购企业	15
5232	证券和商品交易	12.9
5111	报纸、期刊、书籍和名录出版商	11.5
6219	其他救护服务	9.4
3279	其他非金属矿物产品	8.8
5331	非金融无形资产（除版权作品外）出租商	8.5
5223	与信贷中介相关的活动	8.5
5112	软件出版商	7.5
3332	工业机械	7
7132	赌博业	6.6
5151	广播电视	6.1
3391	医疗设备和用品	6
3359	其他电气设备和部件	5.8
3254	制药	5.8
3256	肥皂、清洁化合物和厕所用制剂	5.6
4885	货物运输安排	5.5
3253	杀虫剂、肥料及其他农业化学产品	5.2
5418	广告及相关服务	5.2
4244	食品杂货及相关产品	5.2
3369	其他运输设备	5.1
5179	其他电信	5.1
5239	其他金融投资活动	4.9
5324	机械设备出租和租赁	4.8

续表

北美产业分析 体系代码	产业名称	商标密集度 （商标数/1000 个员工）
3342	通信设备	4.7
3371	住房及机构家具和橱柜	4.6
6214	门诊护理中心	4.3
4234	商业设备	4.2
3162	鞋类制造	4.1
2123	非金属矿产开采及采石	4.1
5311	房地产出租	4.1
2111	油气开采	4
3251	基础化学品	4
3231	印刷及相关辅助活动	3.9
5416	管理及技术咨询服务	3.7
3314	有色金属（除铝）生产和加工	3.6
3115	奶制品	3.5
5241	保险企业	3.1
5171	有线电信运营商	3.1
2212	天然气配送	2.8
5619	其他配套服务	2.8
4236	电气及电子商品	2.7
3333	商业及服务业机械	2.7
3345	电子仪器	2.6
3252	树脂、合成橡胶及人工合成纤维及单纤维	2.6
3261	塑料制品	2.6
3114	水果及蔬菜保存及特色食品	2.5
5419	其他专业技术服务	2.4
2361	住宅建筑	2.4
3339	其他通用机械	2.4
5121	电影和视频产业	2.4
5152	有线及其他收费节目	2.4
6215	医疗及诊断实验室	2.4
3121	饮料	2.2
3336	发动机、涡轮机及输电设备	1.9
2211	发电及供电	1.9

数据来源：从美国专利商标局用的标准普尔数据库商标注册数据及从业人员数据当中获取。

商标注册量前50名的企业

方法2

自2006年以来，美国专利商标局每年的财务年度绩效和问责报告中都会公布美国联邦财年（FY）商标注册数目最多的前50家公司。❶ 因为这些报告没有提供这些企业的北美产业分析体系主代码，我们就使用Avention和Manta来确定2009~2013联邦财年列出的每一家公司的相关北美产业分析体系产业分类。❷ 理论上，持有大量注册商标的企业所在产业，与其产业规模相比会有大量商标申请，因此，该产业一般都被定义为商标密集型产业。

在将每个企业与一个4位北美产业分析体系代码产业对应之后，我们将2009~2013财年每个产业的企业出现在商标注册50强名单上的次数进行排列，并将拥有至少5个企业入围的产业确定为商标密集型产业。在极端情况下，如果某一企业在这个五年期研究中每年均名列商标注册前50强，或者一个产业里有5家不同的企业在每年均位列商标注册前50强，则会出现得到至少5分的情况。

相关结果详见表2-5。表2-4中只有三个产业不在商标密集型产业表单中。这三个产业分别是杂货店（北美产业分析体系代码：4451）、糖果产品制造（北美产业分析体系代码：3113）以及百货商店（北美产业分析体系代码：4521）。

表2-5　2009~2013财年在商标注册前50名强企业榜单中出现5次或以上的产业

北美产业分析 体系代码	产业名称	前50名企业的数量
3399	其他制造业	28
3254	制药业	28
3256	肥皂、清洁化合物和卫生设备制造	21
5121	电影和视频产业	13
5151	广播电视	13
3343	音频和视频设备制造	12
7132	赌博业	10

---

❶ 《绩效和责任报告手册》参见：www. uspto. gov/about/stratplan/ar/index. jsp。在每个报告中，前50强商标注册企业信息可以在美国专利商标局工作量表第五部分29B或者30B内"其他附加信息"中获得。最新的商标注册50强名单是更新到2015财年。

❷ 我们使用Avention和Manta北美产业分析体系对各个公司进行分类。如果这些数据源中某一数据源为该公司提供一个北美产业分析体系代码，那么我们将把北美产业分析体系记录为合适的分类方法。

续表

北美产业分析 体系代码	产业名称	前50名企业的数量
4451	零售业	10
5241	保险企业	9
3113	糖及糖果产品制造业	7
4521	百货商店	6

数据来源：美国专利商标局利用其年度绩效及工作报告、Avention、Manta 及互联网搜索进行的各项计算。

全部商标注册随机抽样

方法 3

根据商标密度或商标注册量前 50 强企业的方法来识别商标密集型产业的一个缺点是，这些方法往往会偏向选择商标注册量大的大型企业。[1] 此外，这些方法可能没有考虑到单个商标对于一些大型企业的重要性（例如，可口可乐 Coca - Cola 饮料和苹果 Apple 个人电脑），或者没有考虑产业组成和集中度的差异。相应地，这些方法还可能漏掉由较小型企业构成的产业，这些企业总体拥有很多商标，但没有进入美国专利商标局商标注册前 50 强名单。为了弥补这一缺陷，我们从 2013 年 194 326 件注册商标中随机抽取注册人样本对分析进行补充。这些数据是由美国专利商标局使用公开的源数据生成。[2] 为了衡量所有注册商标的产业份额，从这些数据中随机抽取 300 个注册商标作为样本。这 300 个注册商标样本有 247 家美国公司。[3] 与分析商标注册前 50 强企业所使用的方法一样，我们将 4 位北美产业分析体系代码与这些美国企业进行对照。[4] 表 2 - 6 列出了高出相关公司平均数两个标准偏差的各个产业。使用这种方法确定了一个新的商标密集型产业，即民用和社会组织（北美产业分析体系代码：8134）。

---

[1] 值得注意的是，许多小公司使用商标，但是因各种原因并没有在联邦政府相关机构注册相应商标。然而，根据普通法规定，它们仍然享有这些商标的权利。

[2] 美国专利商标局大规模数据产品参见：https：//www. uspto. gov/learning - and - resources/electronic - bulk - data - products。大规模研究数据库参见：http：//www. uspto. gov/learning - and - resources/electronic - data - products/data。

[3] 这一分析仅限于美资企业，因为很难给小型外资企业分配相应的北美产业分析体系代码。

[4] 因为样本根据注册而不是注册人抽取，单一的个人或企业可能会被多次抽取。尽管如此，对商标注册公司名称的查阅结果表明在抽样过程中，同一实体没有被抽取多次。

表 2-6   2013 年获得商标注册的美资企业样本所对应产业的
商标注册比例分布情况（按百分比排名）

北美产业分析体系代码	产业名称	百分比
3399	其他制造业	4.30%
5418	广告及相关服务	3.60%
5111	报纸、期刊、书籍和名录出版商	3.60%
8134	民间和社会组织	3.60%
3391	医疗设备和用品	2.90%
4234	商业设备	2.90%

数据来源：美国专利商标局利用其商标注册数据进行的各项计算。

　　这种方法的一个局限是，样本是从单独一个年份提取。这可能导致某些产业虽然从平均年份看频繁注册商标，但由于某些原因在 2013 年（可能不是选定年份）不够活跃，而没有被确认为商标密集型产业。样本量是这种方法的另一个重大局限。我们使用的样本量少的原因是将北美产业分析体系代码与每家企业进行比对需要使用很多资源。理想的状况是，美国专利商标局提供的商标注册信息能包括每一个商标注册企业的北美产业分析体系代码，但商标申请中并不包含此类信息，因此这些信息也没有被录入美国专利商标局的数据库中。将北美产业分析体系代码与企业一一对应的过程特别麻烦，因为很多抽样企业都是小企业，员工很少，没有太多公开的信息，很难找到或者推测北美产业分析体系分类。

　　表 2-7 是被确定为商标密集型产业的全部 68 个产业的完整名单，很好地阐释了用这三种方法出现的明显重叠性。表 2-7 中除了其中 4 个产业外，其他产业全部是根据它们高于商标密集度平均水平的属性被选定的。这四个产业是根据它们在商标注册数排名前 50 强或通过商标注册企业抽样来进行选择；但是，这些产业中没有一个产业是使用两种方法同时进行认定的。只有 1 个产业，即其他制造业（北美产业分析体系代码：3399）是通过所有三种方法来选定的。

表 2-7   商标密集型产业和选择标准

北美产业分析体系代码	产业名称	选择标准		
		商标密集度	前 50 名	样本
2111	油气开采	X		
2123	非金属矿产开采及采石	X		
2211	发电及供电	X		
2212	天然气配送	X		

北美产业分析 体系代码	产业名称	选择标准		
		商标密集度	前50名	样本
2361	住宅建筑	X		
2372	土地细分	X		
3113	糖及糖果产品制造业		X	
3114	水果及蔬菜保存及特色食品	X		
3115	奶制品	X		
3121	饮料	X		
3162	鞋类制造	X		
3219	其他木质产品	X		
3231	印刷及相关辅助活动	X		
3251	基础化学品	X		
3252	树脂、合成橡胶及人工合成纤维及单纤维	X		
3253	杀虫剂、肥料及其他农业化学产品	X		
3254	制药	X	X	
3256	肥皂、清洁化合物和厕所用制剂	X	X	
3261	塑料制品	X		
3279	其他非金属矿物产品	X		
3314	有色金属（除铝）生产和加工	X		
3332	工业机械	X		
3333	商业及服务业机械	X		
3336	发动机、涡轮机及输电设备	X		
3339	其他通用机械	X		
3342	通信设备	X		
3343	音频和视频设备制造	X	X	
3345	电子仪器	X		
3351	电气照明设备	X		
3359	其他电气设备和部件	X		
3369	其他运输设备	X		
3371	家用及机构家具和橱柜	X		
3391	医疗设备和用品	X		X
3399	其他制造业	X	X	X
4234	商业设备	X		X
4236	电气及电子商品	X		
4244	食品杂货及相关产品	X		
4451	零售业		X	

续表

北美产业分析 体系代码	产业名称	选择标准		
		商标密集度	前 50 名	样本
4521	百货商店		X	
4541	电子购物及邮购企业	X		
4885	货物运输安排	X		
5111	报纸、期刊、书籍和名录出版商	X		X
5112	软件出版商	X		
5121	电影和视频产业	X	X	
5151	广播电视	X		
5152	有线及其他收费节目	X		
5171	有线电信运营商	X		
5179	其他电信	X		
5191	其他信息服务	X		
5223	与信贷中介相关的活动	X		
5232	证券和商品交易	X		
5239	其他金融投资活动	X		
5241	保险企业	X	X	
5259	其他投资池和资金	X		
5311	房地产出租	X		
5324	机械设备出租和租赁	X		
5331	非金融无形资产（除版权作品外）出租商	X		
5416	管理及技术咨询服务	X		
5418	广告及相关服务	X		X
5419	其他专业技术服务	X		
5619	其他配套服务	X		
6214	门诊护理中心	X		
6215	医疗及诊断实验室	X		
6219	其他救护服务	X		
7132	赌博业	X	X	
8134	民间和社会组织			X

数据来源：美国专利商标局计算。

作为另外一种检验我们所用各种方法稳健性的方式，我们使用了全球品牌集团《全球最佳品牌》报告列出的 2013 年全球 100 强品牌榜单。我们发现在全球 100 强品牌榜单中，有 52 个品牌有北美产业分析体系代码，这些代码与我们认定为商标密集型产业的 68 个产业中的 25 个产业的北美产业分析体系代码相一致，参见表 2-8。尽管这些品牌仍有一半以上落入我们的榜单，但还是远远低于《2012 年报告》中 70%的比例。

表 2-8　2013 年全球 100 强品牌榜单上的商标密集型产业

北美产业分析体系代码	产业名称	品牌
2111	油气开采	壳牌
3115	奶制品	达能、雀巢
3121	饮料	可口可乐、百事可乐、百威、雀巢、雪碧、喜力、杰克丹尼、尊尼获加、司木露、酪悦香槟
3162	鞋类制造	耐克、阿迪达斯
3254	制药	强生
3256	肥皂、清洁化合物和厕所用制剂	吉列、欧莱雅、高露洁、雅芳
3279	其他非金属矿物产品	3M
3336	发动机、涡轮机及输电设备	通用电气
3342	通信设备	思科、诺基亚
3343	音频和视频设备制造	三星、飞利浦、索尼、松下
3345	电子仪器	西门子
3359	其他电气设备和部件	金霸王
3369	其他运输设备	哈雷戴维森
3399	其他制造业	卡地亚、任天堂
4541	电子购物及邮购企业	亚马逊网、易贝网
5111	报纸、期刊、书籍和名录出版商	汤森路透
5112	软件出版商	微软、甲骨文、SAP、Adobe
5121	电影和视频产业	发现
5151	广播电视	迪士尼、音乐电视
5179	其他电信	脸书
5191	其他信息服务	谷歌
5223	与信贷中介相关的活动	维萨、万事达
5239	其他金融投资活动	花旗
5241	保险企业	安盛、安联
5416	管理及技术咨询服务	埃森哲

数据来源：美国专利商标局利用全球品牌集团全球 100 强品牌榜单及 Avention 和 Manta 数据进行各项计算。

正如之前所述，美国专利商标局数据库中注册的商标均有分类。正如其类名所示，这 49 个商标类别按照与特定商标相联系的商品功能或用途或者服务活动分支进行分类。这与表示企业主要业务活动的北美产业分析体系产业分类存在显著的差异。但是，按类别划分的商标注册率可以使我们了解商标对经济影响最大的产品的一些情况。

表 2-9 是 2004~2013 年所有商标注册的排序表。该次序与《2012 年报告》观察到的情况非常接近。此外，如《2012 年报告》所示，相同的前七个商标类别也占该时间段内所有商标注册数量的一半以上。在这些类别中，其中三类范围非常广泛，服务多样，从批发和零售业到专业和商业服务、金融服务、保险、教育服务以及消费者每天参与的艺术、娱乐和休闲业。❶ 我们也观察到，我们指定为商标密集型的许多产业与前七个类别相对应，并且所有这些使用一种以上方法确定为商标密集型的产业似乎都可纳入前七个类别中的其中一类。

表 2-9　2004~2013 财年按商标注册数排名的商标类别

商标类别	类别名称	商标注册		
		总计	累计百分比（%）	总计
9	电气及科学仪器	232 555	10.63	10.63
35	广告及商业	232 398	10.62	21.25
41	教育和娱乐	203 850	9.32	30.57
42	计算机和科学	128 497	5.87	36.44
25	服装	125 252	5.72	42.16
36	保险与金融	103 485	4.73	46.89
16	纸制品及印刷品	100 455	4.59	51.49
5	制药	68 597	3.14	54.62
3	化妆品和洗涤用品	63 559	2.90	57.53
28	玩具及运动用品	58 727	2.68	60.21
30	主食	54 368	2.48	62.69
44	医疗、美容和农业	50 634	2.31	65.01
37	楼宇建筑及维修	48 189	2.20	67.21
43	旅馆和餐馆	46 353	2.12	69.33
7	机械	40 872	1.87	71.20
11	环境控制装置	37 904	1.73	72.93
10	医疗设备	37 640	1.72	74.65
38	电信	36 466	1.67	76.32
45	个人和法律	34 567	1.58	77.90
20	不另行分类的家具和物品	33 686	1.54	79.44
29	肉类和加工食品	33 074	1.51	80.95

---

❶ 这些类别为广告及商业（第 35 类）、教育和娱乐（第 41 类）以及保险和金融（第 36 类）。

商标类别	类别名称	商标注册		
		总计	累计百分比（%）	总计
21	家用器皿及玻璃	31 085	1.42	82.37
1	化学制品	30 843	1.41	83.78
33	葡萄酒与烈酒	30 426	1.39	85.17
12	车辆	29 834	1.36	86.53
39	运输和储存	29 830	1.36	87.90
18	皮具	28 774	1.32	89.21
14	珠宝	27 943	1.28	90.49
6	金属制品	24 792	1.13	91.62
40	材料处理	24 744	1.13	92.75
32	轻饮料	21 762	0.99	93.75
19	非金属建材	20 319	0.93	94.68
31	天然农产品	17 726	0.81	95.49
24	纺织品	16 181	0.74	96.23
17	橡胶制品	13 411	0.61	96.84
8	手工工具	12 801	0.59	97.42
2	喷漆	9165	0.42	97.84
4	润滑油和燃料	9109	0.42	98.26
34	烟具	7007	0.32	98.58
26	新奇商品	6221	0.28	98.86
27	地板铺装	5278	0.24	99.10
22	绳索和纤维	4800	0.22	99.32
13	枪械	4723	0.22	99.54
15	乐器	4140	0.19	99.73
B	服务认证标志	1762	0.08	99.81
23	纱和线	1701	0.08	99.89
200	集体成员资格	1564	0.07	99.96
A	商品认证标志	898	0.04	100.00
	总计	2 187 967	100.00	100.00

数据来源：美国专利商标局利用其商标注册数据进行的各项计算。

注：因为四舍五入的原因，累积百分比数字不等于合计数字的百分比的总和。

版权

如前文所述，我们识别版权密集型产业的方法主要借鉴了世界知识产权组织（WIPO）发布的《版权产业经济贡献调查指南》。❶ 这些定义在斯蒂芬希维克编写的题为"美国经济中的版权业"的系列报告中曾被用于研究美国经济。❷ 虽然这为我们的分析提供了基础支持，但我们对版权密集型产业的定义比世界知识产权组织的定义更为狭义，更多着眼于生产版权作品的产业，不包括那些为生产版权作品提供材料支持的相关产业。与WIPO 指南的这种差别很有必要，因为这可保持其与我们确认专利和商标密集型产业所用的方法相一致。

研究方法

由于 WIPO 的《版权产业经济贡献调查指南》明确界定了受版权保护的作品类型、生产创造版权的产业以及版权作品的发行商和分销商，这有利于我们对版权密集型产业的识别，并有利于我们将其与专利和商标密集型产业的分类进行比较。我们从"核心"版权产业这个概念开始研究，世界知识产权组织将"核心"版权产业定义为"完全从事作品和其他受保护作品的创作、生产和制造、表演、播出、交流、展览或发行及销售"的产业。❸ 换句话说，核心版权产业之所以被视为"核心"，是因为他们生产受版权保护的作品，并将其推向市场。

本报告中，我们只关注于那些研究直接生产版权作品的产业，并将它们定义为版权密集型产业。因此，我们尽可能多地使用 4 位北美产业分析体系产业代码来界定版权密集型产业，排除了那些主要把版权材料分配给商业和/或客户的产业。举例来说，我们没有把诸如书籍、期刊和音乐商店（北美产业分析体系代码：4512）或者商品出租（北美产业分析体系代码：5322）（商品出租包括视频）列为版权密集型产业，尽管它们隶属于 WIPO 指南"核心"种类的一部分。❹ 我们定义的核心版权密集型产业比 WIPO 定义的要窄，以便我们与专利和商标密集型产业对应。这些负责知识产权保护的产业是主要关注点。该研究方法是为了使我们的研究聚焦受保护的知识产权产业，并不评价 WIPO 指南的好与坏。

值得注意的是，我们这里采取的办法与选择专利和商标产业时的方法

---

❶ 2003 年世界知识产权组织。

❷ 参见 2009 年希维克。

❸ 世界知识产权组织，2003 年，29 版权密集型产业的核心是四个版权密集型产业当中的一个。其他三个是相互依存的、局部的、非专用的附属产业。

❹ 这种讨论并不意味着销售业整体上不能按我们的定义被认定是知识产权密集型。正如上面所讨论的，很多产业都在寻求商标保护，包括服装店等分销产业，它们也被确定为知识产权密集型产业。

在概念上有所区别。本报告重点关注的是生产受版权保护的知识产权的产业，无论是专利、商标或版权。在界定专利和商标密集型产业时，我们将"密集型"产业定义为那些在各类"密集度"方法中获得高分的产业，而在定义版权密集型产业时，我们主要是找传统上和生产受版权保护的材料相关的产业。

表 2-10 列出了版权密集型产业，这些产业都涉及受保护作品的创作和/或记录（印刷、电磁或数码）。❶

表 2-10   版权密集型产业

北美产业分析体系代码	产业名称
5111	报纸、期刊、书籍和名录出版商
5112	软件出版商
5121	电影和视频产业
5122	唱片产业
5151	广播电视
5152	有线及其他收费节目
5191	其他信息服务（新闻集团和互联网网站）
5414	专门设计服务业（视觉和图形艺术）
5415	计算机系统设计和相关服务（软件和数据库）
5418	广告及相关服务
5419	其他专业技术服务
7111	演艺企业
7115	独立艺术家、作家和演员

数据来源：基于世界知识产权组织 2003 年相关数据的美国经济与统计管理局（ESA）评选。

知识产权密集型产业汇总清单

表 2-11 所示为 81 个我们认定的专利、商标和版权密集型产业组合的知识产权密集型产业汇总表。由于专利和商标密集型产业之间，以及版权密集型和商标密集型产业之间存在重叠现象，这 81 个产业总和少于各个部分加起来的总和。该表也显示，在 25 个专利密集型产业中，其中 15 个产业被认定为专利密集型兼商标密集型产业，而在 13 个版权密集型产业中，其中 7 个产业被认定为商标密集型兼版权密集型产业。通过处理，专利密集型产业与版权密集型产业之间不存在任何重叠现象。这是因为美国专利商标局开发了仅适用于制造业的一套专利技术参照关系表，通过该

---

❶ 如果产业描述名称没有清楚地表明生产哪种受保护材料（如其他信息服务（北美产业分类系统代码：5191）），我们将把相关版权保护材料放到圆括号中。

表可以识别出专利密集型产业。这些产业不包括版权密集型产业抽样的任何服务领域。

表 2 - 11 显示了 2013 年每个知识产权密集型产业提供的就业数，即共 2730 万个工作岗位。❶

表 2 - 11　知识产权密集型产业和选择标准

北美产业分析体系代码	产业名称	2013 年就业情况（1000 个岗位）	识别标准		
			专利密集型	商标密集型	版权密集型
2111	油气开采	195.6		X	
2123	非金属矿产开采及采石	87.3		X	
2211	发电及供电	393.7		X	
2212	天然气配送	110.7		X	
2361	住宅建筑	975		X	
2372	土地细分	52.4		X	
3113	糖及糖果产品制造业	73.2		X	
3114	水果及蔬菜保存及特色食品	170.5		X	
3115	奶制品	135		X	
3121	饮料	190.7		X	
3162	鞋类制造	13.9		X	
3219	其他木质产品	214.4		X	
3231	印刷及相关辅助活动	473.9		X	
3251	基础化学品	142.6	X	X	
3252	树脂、合成橡胶及人工合成纤维及单纤维	92.3		X	
3253	杀虫剂、肥料及其他农业化学产品	38.8	X	X	
3254	制药	276.7	X	X	
3255	油漆、涂料和粘合剂制造	58.5	X		
3256	肥皂、清洁化合物和厕所用制剂	104.9	X	X	
3259	其他化工产品及制剂生产	83.5	X		
3261	塑料制品	530		X	
3279	其他非金属矿物产品	72.1		X	
3314	有色金属（除铝）生产和加工	62.5		X	
3331	农业、建筑、矿山机械制造业	252.4	X		
3332	工业机械	108.1	X	X	
3333	商业及服务业机械	86.9	X	X	

❶　除了付薪工作岗位之外，就业数也包括个体工商户，其占版权密集型产业就业数的大部分。

北美产业分析体系代码	产业名称	2013 年就业情况（1000 个岗位）	识别标准		
			专利密集型	商标密集型	版权密集型
3334	通风、采暖、空调及商业制冷设备制造	127.6	X		
3335	金属加工机械制造业	183.8	X		
3336	发动机、涡轮机及输电设备	98.5	X	X	
3339	其他通用机械	257.3	X		
3341	计算机和外围设备	158.8	X		
3342	通信设备	101.1	X	X	
3343	音频和视频设备制造	19.4	X	X	
3344	半导体及其他电子元件	376.7	X		
3345	电子仪器	395.8	X	X	
3346	磁性和光学媒介生产和再生产	19.4	X		
3351	电气照明设备	48	X	X	
3352	家电生产	57.7	X		
3353	电气设备制造	145.1	X		
3359	其他电气设备和部件	126.9	X	X	
3369	其他运输设备	32.3		X	
3371	家用及机构家具和橱柜	246.1		X	
3391	医疗设备和用品	316.6	X	X	
3399	其他制造业	319.3	X	X	
4234	商业设备	628.7		X	
4236	电气及电子商品	320.7		X	
4244	食品杂货及相关产品	752.5		X	
4451	零售业	2600		X	
4521	百货商店	1348.3		X	
4541	电子购物及邮购企业	347.6		X	
4885	货物运输安排	205.7		X	
5111	报纸、期刊、书籍和名录出版商	464		X	X
5112	软件出版商	300.6		X	X
5121	电影和视频产业	413.9		X	X
5122	唱片产业	23.5			X
5151	广播电视	223.6		X	X
5152	有线及其他收费节目	71.3		X	X
5171	有线电信运营商	614.7		X	
5179	其他电信	92.2		X	

北美产业分析 体系代码	产业名称	2013 年就业情况 （1000 个岗位）	识别标准		
			专利密集型	商标密集型	版权密集型
5191	其他信息服务	201.3		X	X
5223	与信贷中介相关的活动	297.4		X	
5232	证券和商品交易	7.3		X	
5239	其他金融投资活动	482.2		X	
5241	保险企业	1433.9		X	
5259	其他投资池和资金	1.6		X	
5311	房地产出租	883.7		X	
5324	机械设备出租和租赁	138		X	
5331	非金融无形资产（除版权作品外）出租商	23.9		X	
5414	专业设计服务	265.6			X
5415	计算机系统设计及相关服务	1848.4			X
5416	管理及技术咨询服务	1443		X	
5418	广告及相关服务	503.9		X	X
5419	其他专业技术服务	790.6		X	X
5619	其他配套服务	298.9		X	
6214	门诊护理中心	719.4		X	
6215	医疗及诊断实验室	260.8		X	
6219	其他救护服务	309.7		X	
7111	演艺企业	138.6			X
7115	独立艺术家、作家和演员	338.6			X
7132	赌博业	140.7		X	
8134	民间和社会组织	393.4		X	

数据来源：美国专利商标局从经济与统计管理局使用劳工统计局工业生产力项目的数据计算得出。

注：从业包括领取工资的人员、个体经营者，以及无酬家庭从业人员，并以千个工作机会为单位进行计算。

表 2-12　2017 年版北美产品分类系统（NACPS）中与知识产权相关的产品和服务

北美产业分析 体系代码	职　位
30150	针对知识产权的承包制作服务
30920	根据合同制作直播表演节目
30930	承包体育赛事直播
30940	承包公开露面和演说直播
30970	制作影音作品和演播室录音等支持服务
31256	独家权利

北美产业分析 体系代码	职　　位
31470	受商标保护的知识产权使用权许可
31480	受版权保护的知识产权使用权许可
31500	受版权保护的知识产权卖断
31510	针对受版权保护的知识产权的承包制作服务，不包括表演艺术直播
31520	针对受商标保护的知识产权的承包设计服务
35000	国内发行影音作品权利的许可
35020	国内展示、广播或出租特技电影的权利许可
35030	国内展示、广播或出租短电影的权利许可
35040	国内展示、广播或出租电视节目的权利许可
35050	国内展示、广播或出租其他影音作品的权利许可
35070	国际发行影音作品的权利许可
35080	国际展示、广播或出租影音作品的权利许可
35090	国际使用国内影音作品概念权利的许可
35100	国际使用其他影音作品权利的许可
35110	根据合同制作影音作品的服务
35320	乐曲使用权许可
35331	乐曲使用权许可——商业用途的录音及复制，作为唱片分发的情况除外（即电转录权）
35332	在戏剧作品中使用乐曲权利的许可（即授予权利及戏剧采用权）
35333	在其他作品中使用乐曲权利的许可
35334	国际出版国内乐曲的权利许可（即国际分出版权）
35350	音乐录音使用权的许可
35410	其他版权管理
35460	商品许可——国内外
35520	音乐使用权许可
35530	影音作品使用权许可
35540	针对除影音作品音乐之外的原版音乐承包制作服务
35620	计算机软件复制和发行权利许可
35730	节目广播权利许可
35740	发行特殊声音节目内容权利的许可
35790	电视节目权利许可
35800	发行特殊电视节目内容权利的许可
36250	合成媒体内容权利的许可
36742	专利、版权及其他知识产权文件备案和搜索服务
37570	复制和发行受版权保护计算机软件权利的许可
37910	使用库存图片的权利许可
38010	专利中介（市场营销）服务
38400	专利图纸及商标说明服务
39250	知识产权原版作品卖断销售
39400	知识产权使用权许可
50410	以工业财产受保护的知识产权利用权利许可
50420	受版权保护的知识产权利用权利许可
50430	自然资源开发许可和使用费协议

数据来源：美国人口普查局，网址：http：//www.census.gov/eos/www/napcs/。

参考文献

［1］《美国法典》第 35 章第 154 条第（a）款第（1）项［35 U. S. C. § 154（a）（1）］。

［2］史密斯 v. 香奈儿公司，402 F. 2d 562，566（1968 年美国联邦第九巡回法院）。

［3］亚伯拉罕·林肯，1953 年。R. P. 派斯勒，M. D. 布拉特，L. A. 邓拉普主编：《亚伯拉罕·林肯全集第 5 卷》，罗格斯大学出版社。

［4］A. 阿罗拉，S. 比楞佐，L. A. 里奥斯，2011 年，《美国公司研发组织：去集中化的决定因素及后果》。美国国民经济研究局（NBER）第 17013 号工作文件，www. nber. org/papers/w17013。

［5］A. 阿罗拉，S. 阿斯勒耶，2012 年，《专利激励：专利申请行为的回报及对研发的刺激》，英国知识产权局。

［6］阿罗拉，阿西斯，W. M. 科恩，J. P. 沃尔什，2014 年，《美国制造中发明的收购和商业化：发生及影响》，美国国民经济研究局（NBER）第 20264 号工作文件。

［7］美国经济与统计管理局（ESA）及美国专利商标局（USPTO），《知识产权与美国经济：聚焦产业》，http：//www. uspto. gov/sites/default/files/news/ publications/IP_Report_March_2012. pdf。

［8］欧洲专利局和欧盟内部市场协调局，2013 年，《知识产权密集型产业：对欧盟经济表现和就业的贡献》，http：//ec. europa. eu/internal_market/intellectual‐property/docs/joint‐report‐epo‐ohim‐finalversion_ en. pdf。

［9］罗伯特·戈登，2016 年，《美国成长的起伏：内战以来的美国生活标准》，普林斯顿大学出版社。

［10］法勒·门萨，D. 琼，D. 黑杰，A. 朱维斯特，2015 年，《专利的闪光一面》，美国专利商标局第 2015 - 5 号工作文件。

［11］国际品牌集团，2013 年，《全球最佳品牌》，http：//www. rankingthebrands. com/PDF/Best%20Global%20 Brands%202013,%20Interbrand. pdf。

［12］亚当·贾菲，M. 特拉金伯格，2002 年，《专利、引用及创新：知识经济之窗》，麻省理工学院出版社。

［13］欧盟内部市场协调局（OHIM），2015 年，《欧洲知识产权及企业表现：经济分析》，https：//euipo. europa. eu/ohimportal/documents/ 11370/80606/Intellectual + property + rights + and + firm + performance + in + Europe。

［14］斯蒂芬 E. 西威可，2009 年，《经济中的版权产业：2003～2007 年报告》，经济学家为知识产权联盟（IIPA）撰写，www. ei. com/downloadables/IIPASiwekReport2003 - 07. pdf。

知识产权密集型产业与欧盟经济表现

2016 年 10 月产业层面分析报告（第二版）

欧洲专利局与欧盟知识产权局合作项目

国家知识产权局规划发展司　组织编译

本报告中文版基于欧洲专利局和欧盟知识产权局的联合研究项目。

目　录

缩略语表

BvD	毕威迪公司（Bureau van Dijk）
CCMT	气候变化减缓技术
CPA	按活动划分的产品分类
CPVO	欧盟植物品种局
CPVR	欧盟植物品种权
COMEXT	欧盟统计局外贸参考数据库
DG AGRI	欧盟农业和农村发展总司
DG GROW	欧盟内部市场、产业、创业及中小企业总司
DG MARKT	欧盟内部市场及服务业总司
DUO	国内最终拥有人
EAA	农业经济账目
EPC	欧洲专利公约
EPO	欧洲专利局
EU	欧盟
EUIPO	欧盟知识产权局
FATS	国外子公司统计数据
GDP	国内生产总值
GI	地理标志
GVA	总增加值
IP	知识产权
IPR	知识产权
LFS	劳动力调查
NACE	欧盟经济活动统计分类
NAICS	北美产业分类体系
OECD	经济合作与发展组织

OHIM	欧洲内部市场协调局（从 2013 年 3 月 23 日起更名为欧盟知识产权局）
PATSTAT	全球专利统计数据库（欧洲专利局所有）
PDO	受保护的原产地名称
PGI	受保护的地理标志
PVR	植物品种权
RCD	已注册的欧盟外观设计
SBS	欧盟统计局结构性商业统计
TRIPS	与贸易有关的知识产权协定
UKIPO	英国知识产权局
USPTO	美国专利及商标局
VA	增加值
WIPO	世界知识产权组织
WTO	世界贸易组织
	国家代码
AT	奥地利
BE	比利时
BG	保加利亚
CY	塞浦路斯
CZ	捷克共和国
DE	德国
DK	丹麦
EE	爱沙尼亚
EL	希腊
ES	西班牙
FI	芬兰
FR	法国

HR	克罗地亚
HU	匈牙利
IE	爱尔兰
IT	意大利
LT	立陶宛
LU	卢森堡
LV	拉脱维亚
MT	马耳他
NL	荷兰
PL	波兰
PT	葡萄牙
RO	罗马尼亚
SE	瑞典
SI	斯洛文尼亚
SK	斯洛伐克
UK	英国

表格及图表列表

1. 前言

创新是"欧盟 2020 战略"的关键。为创造出竞争力更强、就业率更高的经济体，2010 年欧盟正式通过了该发展战略。该目标的实现取决于诸多因素，然而，考虑到知识产权（IP）能够在整个经济领域激发创造力与创新力，高效的知识产权制度无疑是最为重要的因素之一。

欧洲在该领域已有悠久传统：欧盟及欧洲专利组织成员国在塑造一套现代的、均衡的知识产权制度方面发挥了重要作用，这套体系既能确保创新者获得其应有酬劳，也能促进富有竞争力的市场。当今世界，市场及知识经济日益全球化，确保这套制度依然作为实行新创新政策的有效手段极为重要。为协助我们完成这项任务，全部参与人员必须要获得准确事实和精确数字。只有如此，我们才能确保有合理证据来讨论 IP 在支持创新力和创造力方面的作用。

针对这一明确要求，欧盟知识产权局（EUIPO）和欧洲专利局（EPO）于 2013 年联合开展了一项研究，将知识产权密集型产业对欧盟经济作出的贡献进行量化。调查结果显示，2008～2010 年，该类产业占欧盟经济产量的 39%，占就业率的 26%，证明了知识产权对欧洲经济的价值。

为使该做法发挥可持续价值，EUIPO 和 EPO 均作出了努力，确保需要了解欧洲知识产权重要性的人们都可以获得最新数据及调查结果。本次研究为初次报告以来的首次更新，涵盖 2011～2013 年。从其中一些显著的新特点中可以更好地看到欧洲知识产权密集型产业概况。首先，将范围加以拓宽以便考虑到新进展情况，如克罗地亚于 2013 年加入欧盟，并纳入了另一个知识产权——植物品种权。其次，该报告反映了欧洲及其他地区决策者与时俱进的关注点，增添一章节论述气候变化减缓技术（CCMTs）在经济发展中的重要性。

在本次最新研究中，知识产权密集型产业再次被认为是国内生产总值、就业及贸易不可或缺的一部分。此外，研究结果还表明，自首次研究以来，该类产业对欧洲经济的贡献有所增加。另外，与整体经济相比，知识产权密集型产业似乎能更好地应对严峻的经济危机。

这些重要的研究成果进一步强调知识产权密集型产业对欧洲经济繁荣和竞争力的贡献。我们希望，有了这项最新研究，读者可以借鉴这些信息以保持我们的知识产权制度以及欧洲经济的持续优势，因为人们已经发现知识产权可以在其中发挥重要作用。

António Campinos
EUIPO 常务局长

Benoît Battistelli
EPO 局长

联合项目组

EUIPO

首席经济师 Nathan Wajsman

经济师 Michał Kazimierczak

经济学家 Carolina Arias Burgos

实习生 Dvořáková

EPO

首席经济师 Yann Ménière

高级经济师 Ilja Rudyk

助理 Karin Terzic

致谢

在本报告的编制过程中，我们接收到了来自欧盟植物品种局（CPVO）的可用信息及资料。

欧盟统计办公室、欧盟统计局、法国、德国、西班牙及英国统计办公室在填补统计公布差距发布方面提供了重要帮助。

对于欧盟委员会内部经济、产业、创业及中小企业理事会、Institut National de la Propriété Industrielle 的 Laurence Joly、曼海姆欧洲经济研究中心的 Christian Rammer 博士、美国政府问责局的 Ardith Spence 博士以及斯威本大学变革创新中心的 Beth Webster 教授提出的报告草案意见，作者也一并表示感谢。

2. 研究介绍

欧洲知识产权侵权观察组织的一项法定任务，是提供关于知识产权在欧洲联盟（欧盟）❶ 经济中的影响、角色和公众认知的实证数据。为了实现这一目标，该组织正在开展一项社会经济研究计划。同样，欧洲专利局（EPO）致力于提高公众专利体系的经济社会重要性意识。

本报告为 EUIPO 与 EPO 联合拟定项目，并从其他知识产权办事处、欧洲委员会机构和国际组织得到相关信息，作为自 2013 年首次研究发布以来该合作项目的第二次重要研究❷。该报告旨在对集中使用各类知识产权（IPR）的产业对欧盟总体及各成员国经济的综合贡献作出最新的、可靠的评估。

该研究涵盖知识产权范围较广❸——商标、专利、设计、版权、地理标志（地理标志）、植物品种专利（植物品种权），并考虑到各种经济指标，尤其是国内生产总值（GDP）、就业、对外贸易和薪酬。研究没有提出政策建议，因为这不在本研究范围之内。而研究的目的是，为决策者提供可以在工作中使用的依据，并为提高欧洲公民的知识产权意识打下基础。

2013 年研究涵盖 2008 ~ 2010 年。本研究涵盖最近的 2011 ~ 2013 年。为确保两次研究的可比性，已保留 2013 年使用的研究方法。然而，基本数据和方法有了一些改进。需要特别指出的是，纳入了克罗地亚数据；将第 6 项知识产权植物品种权列入该分析；版权密集型产业的定义更符合被广泛接受的世界知识产权组织（WIPO）类别含义。

此外，由于欧洲及其他地区决策者和商业领导人越来越关注发展技术以应对气候变化，该报告新增了章节专门论述气候变化减缓技术（CCMTs）的经济意义。在该章节中，基于欧洲专利局提供的专利申请资料，对涉及该类技术开发产业的经济影响进行了更详细的分析。

---

❶ 该组织根据欧洲议会和理事会 2012 年 4 月 19 日第 386/2012 号法规（欧盟）转入欧盟内部市场协调局（OHIM），该规定自 2012 年 6 月 5 日起生效。在欧盟 2015/2424 号章程于 2016 年 3 月 23 日生效之后，欧盟内部市场协调局更名为欧盟知识产权局（EUIPO）。本报告使用该新名称，参考书目沿用旧名称。

❷ 欧盟内部市场协调局/欧洲专利局：《知识产权密集型产业对欧盟经济表现和就业的贡献》，2013 年 9 月。

❸ 可能有助于更清楚地定义一些本报告使用的知识产权相关术语。"IP"（知识产权）通常是创新的结果，但也不尽然。然而，该术语涵盖范围更广，它包括其他类型的知识，如商业秘密或营业方法。在该研究中，知识产权指纳入本分析报告的 6 项权利：专利、商标、注册设计、版权、地理标志以及植物品种权。

3. 执行概要

3.1 主要研究成果

- 2011～2013 年，知识产权密集型产业创造 27.8% 的欧盟工作岗位。平均来看，在此期间知识产权密集型产业雇佣了 6000 万名欧洲人。此外，向知识产权密集型产业提供商品和服务的产业还创造了其他 2000 万个就业岗位。若将间接工作岗位考虑在内，则知识产权相关就业岗位总数达到 8220 万个（占全部工作岗位的 38.1%）。

- 同一时期，知识产权密集型产业创造了近 42% 的欧盟经济活动总量（国内生产总值），价值 5.7 万亿欧元。这些产业也促进了欧盟与世界其他国家之间的大部分贸易并带来了贸易顺差，因此帮助欧盟保持了对外贸易的平衡。

- 知识产权密集型产业薪资比其他产业要高，薪资溢价达到 46%。这与知识产权密集型产业人均附加值高于其他经济领域的事实一致。

- 已能证明知识产权密集型产业面对经济危机时，最具复原能力。将本次研究结果与 2013 年研究进行比较可以发现，这些产业在 2011～2013 年（2016 年研究）对欧盟经济的相关贡献比 2008～2010 年（2013 年研究）略有增长。

- 深入分析从事气候变化减缓技术（CCMTs）开发的产业所具经济权重时可以发现，这些产业分别占欧盟就业及经济产出的 1.2% 与 2.1%。这些产业为欧盟创造了巨大的贸易顺差，并且其对国内生产总值的贡献值在 2008～2010 年和 2011～2013 年均保持增加态势（尽管就业率略有下降）。

3.2 欧盟经济知识产权密集型产业

不同于其他使用知识产权的产业，知识产权密集型产业是指❶雇员人均知识产权使用水平高于平均水平的产业。如第 6 章和第 7 章所示，这些

---

❶ 参见第 5 章 "研究方法"。

产业集中在制造业、技术以及商业服务领域。

然而需要强调的是，所有产业都在一定程度上运用知识产权。而该研究仅聚焦于知识产权密集型产业，只描述欧洲经济中知识产权贡献值最多的部分。❶

知识产权密集型产业对两个主要经济指标（即就业和产出）的贡献详见表3-1和表3-2。❷ 2011~2013年，知识产权密集型产业创造的就业岗位占欧盟所有就业岗位的27.8%，其中21%来自商标密集型产业，12%来自设计密集型产业，10%来自专利密集型产业，还有小部分来自版权密集型、地理标志密集型和植物品种权密集型产业。❸ 平均而言，在此期间，欧洲总体就业量约为2.186亿人，其中6000万人受雇于知识产权密集型产业。此外，向知识产权密集型产业提供商品和服务的产业还提供了另外2000万个就业岗位。若将间接工作岗位考虑在内，则知识产权相关就业岗位总数到达8220万个（占全部工作岗位的38.1%）。

知识产权密集型产业除了直接对就业产生贡献，也带来了为其产业生产流程提供商品和服务的非知识产权密集型产业的就业。根据欧盟统计局公布的欧盟27国投入产出表，❹ 可以计算出这种对非知识产权密集型产业就业的间接影响。相关结果汇总于表3-1，该表显示了直接就业和间接就业情况。

表3-1 2011~2013年知识产权密集型产业对就业的直接和间接贡献平均值

知识产权密集型产业	就业（直接）	总就业占比（直接）	就业（直接及间接）	总就业占比（直接+间接）
商标密集型	45 789 224	21.2%	65 486 334	30.3%
设计密集型	25 662 683	11.9%	38 673 508	17.9%
专利密集型	22 268 215	10.3%	36 021 154	16.7%
版权密集型	11 630 753	5.4%	15 240 509	7.1%
地理标志密集型	不适用	不适用	399 815	0.2%
植物品种权密集型	1 018 754	0.5%	1 220 410	0.6%
所有知识产权密集型	60 032 200	27.8%	82 214 925	38.1%
欧盟总就业人数			215 808 033	

注：由于存在知识产权重叠使用的情况，因此单个知识产权的数量总和会超过知识产权密集型产业的总数。

❶ 但是，应该指出的是，很大一部分经济特别是公共部门，不能被认为是知识产权密集型。
❷ 为了尽量减少数据空白对经济统计的影响，并避免对特定年份过度强调，各项经济指标按2011~2013年平均数进行计算。
❸ 知识产权密集型产业总贡献值小于商标密集型、专利密集型，设计密集型、版权密集型、植物品种权密集型、地理标志密集型产业综合起来的总贡献值，因为较多行业并非只集中在知识产权方面。然而，我们的研究方法确保没有重复计算产业贡献。
❹ 投入产出表显示了经济中各产业之间的货物和服务流动情况。

除了就业之外，知识产权密集型产业对于按国内生产总值（GDP）计算的经济产出也有所贡献。整体而言，知识产权密集型产业贡献了欧盟超过42%的国内生产总值，其中36%来自商标密集型产业，13%来自设计密集型产业，15%来自专利密集型产业，7%来自版权密集型产业，地理标志密集型和植物品种权密集型产业在贡献率中占比稍小。第7章提供了这些产业对欧盟各成员国经济贡献的详细分类情况。

表3-2　2011~2013年知识产权密集型产业平均经济贡献情况

知识产权密集型产业	增加值（国内生产总值）（百万欧元）	占欧洲国内生产总值总量的份额
商标密集型	4 812 310	35.9%
设计密集型	1 788 811	13.4%
专利密集型	2 035 478	15.2%
版权密集型	914 612	6.8%
地理标志密集型	18 109	0.1%
植物品种权密集型	51 710	0.4%
所有知识产权密集型	5 664 168	42.3%
欧盟国内生产总值总量	13 387 988	

注：由于存在知识产权重叠使用的情况，因此单个知识产权的数量总和会超过知识产权密集型产业的总数。

将本研究结果与2013年研究结果进行比较可以发现，2011~2013年知识产权密集型产业对欧盟经济的贡献略高于2008~2010年。然而，由于在这两个时期之间欧盟统计局使用的欧洲国家和地区的账目体系（ESA）进行了更新，因此该对比变得复杂化❶。该更新提高了知识产权密集型产业对国内生产总值贡献值的影响。此外，修改了版权密集型产业的定义，以便更全面地反映世界知识产权组织（WIPO）所使用的方法，这也增加了知识产权密集型产业的贡献度。在表3-3中，使用2010年新ESA体系以及版权密集型产业新定义重新计算了2008~2010年的数据，以便阐明这些变化产生的影响。

第一栏包含2013年研究报告成果（2008~2010年）。第二栏重新计算同一时期2013年研究结果，兼顾新国民收入和生产核算定义、WIPO定义版权的方法，并加入植物品种权的内容。第三栏列出此次研究的结果（2011~2013年），所以可直接与第二栏进行比较。

---

❶　http：//ec. europa. eu/eurostat/documents/737960/738004/ESA2010 - FAQ. pdf/fea21e81 - a2cb - 421a - 8b9e - 41aae7d02a14.

表 3-3　主要结果对比：2013 年研究对比 2016 年研究

贡献值 知识产权密集型产业	2013 年研究 （初版）	2013 年研究（2010 年新 ESA， 新版权定义，植物品种权）	2016 年研究
就业（直接）	25.9%	27.6%	27.8%
国内生产总值	38.6%	42.1%	42.3%
进口	88.3%	未计算	85.5%
出口	90.4%	未计算	93.2%

因此，即使考虑了统计数据调整的影响，从 2008~2010 年（2013 年研究），到 2011~2013 年（2016 年研究）知识产权密集型产业的贡献值亦有增加。

也有迹象表明，经济危机期间知识产权密集型产业就业率明显高于整体就业率。欧盟总就业人数从 2008~2010 年的 2 亿 1960 万减少至 2011~2013 年的 2 亿 1580 万，下降 1.7%，而同时期知识产权密集型产业就业人数从 6060 万减少至 6000 万，下降 1%。相对而言，知识产权密集型产业就业人数下降幅度明显小于整体就业人数下降幅度。

鉴于知识产权密集型产业创造了 42.3% 的国内生产总值（增加值）和 27.8% 的就业，知识产权密集型产业的员工人均增加值高于其他产业。经济理论表明，在其他条件相同的情况下，员工平均产出增加值更高的产业通常会向员工支付比其他产业更高的工资。因此，研究高的增加值是否在知识产权密集型产业的相应工资上有所反映就具备了一定的意义。

知识产权密集型产业的工资确实要高于非知识产权密集型产业。表 3-4 显示，知识产权密集型产业平均周薪为 776 欧元，相比非知识产权密集型产业的 530 欧元，高出 46%。该"薪资溢价"在地理标志密集型产业为 31%，设计密集型产业为 38%，商标密集型产业为 48%，版权密集型产业为 64%，专利密集型产业为 69%。

表 3-4　2013 年知识产权密集型产业平均人工成本

知识产权密集型产业	平均人工成本 （周/欧元）	溢价 （相比非 IP 密集型产业）
商标密集型	783	48%
设计密集型	732	38%
专利密集型	895	69%
版权密集型	871	64%
地理标志密集型	692	31%

续表

知识产权密集型产业	平均人工成本 （周/欧元）	溢价 （相比非 IP 密集型产业）
植物品种权密集型*	不适用	不适用
所有知识产权密集型	776	46%
非知识产权密集型	530	–
所有产业（包括在欧盟统计局结构性商业统计中的产业**）	629	–

* 因缺少农业薪资统计数据，未计算。

* 欧盟统计局公布结构商用统计。

相比 2010 年的情况（如 2013 年研究所报告），薪资溢价整体从 41% 增加至 46%，反映出专利密集型、商标密集型及设计密集型产业的薪资溢价增加。

此外，还研究了知识产权密集型产业在欧盟对外贸易中所扮演的角色。欧盟贸易的主体份额来自知识产权密集型产业。知识产权密集型产业占欧盟贸易份额如此之高，乍一看可能有点令人惊讶。这是因为，即使生产诸如能源商品的产业也属于知识产权密集型；❶ 而另一方面，许多非知识产权密集型的产业活动也是不可交易的。❷ 因此，欧盟进口份额的 86% 由知识产权密集型产业的产品构成。然而，知识产权密集型产业占欧盟出口的份额更高，达到 93%。

2013 年，欧盟整体上贸易逆差约为 420 亿欧元，占国内生产总值的 0.3%。相反，知识产权密集型产业在与世界其他国家交易中有 960 亿欧元的贸易顺差。如 2013 年研究所报告，这种情况在三年前得到显著改善。2010 年，欧盟知识产权密集型产业的贸易逆差为 1260 亿欧元。

表 3-5 显示了根据 2013 年数据得出的知识产权密集型产业贸易总体情况。❸

---

❶ 包含在《欧盟经济活动统计分类（NACE）》第 06 类中的两个行业——原油和天然气提取，都是专利密集型。

❷ 例如，包含在《欧盟经济活动统计分类》第 86 类（人类健康活动）或第 96 类（其他个人服务活动）的一些服务行业。该类服务通常在生产出来时即被消费。

❸ 与计算就业量和国内生产总值（GDP）时一样，知识产权相关对外贸易额的总和，并不等于知识产权密集型产业的整体总额，因为许多产业都同时属于多类知识产权密集型。然而，我们的研究方法确保没有重复计算产业贡献。

表3-5　欧盟知识产权密集型产业对外贸易情况

知识产权密集型产业	出口（百万欧元）	进口（百万欧元）	净出（百万欧元）
商标密集型	1 275 472	1 261 002	14 470
设计密集型	945 084	701 752	243 332
专利密集型	1 231 966	1 157 909	74 057
版权密集型型	119 554	102 389	17 165
地理标志密集型	12 923	1335	11 588
植物品种权密集型	5065	5369	-304
所有知识产权密集型	1 605 516	1509 099	96 417
非知识产权密集型	117 561	256 048	-138 487
欧盟贸易总额	1 723 077	1 765 147	-42 069

注：由于存在知识产权重叠使用的情况，因此单个知识产权的数量总和会超过知识产权密集型产业的总数。

欧盟贸易平衡情况的改善源于2010~2013年出口增加27%，而进口则只增加了15%。而知识产权密集型产业出口增加30%，进口增加11%。设计密集型产业表现出最高净出口增长，为贸易顺差最高的产业。

仔细研究欧盟单一市场内知识产权密集型产业活动，可看出欧盟成员国之间的劳动分工。在雇员人均知识产权创造方面，奥地利、比利时、丹麦、芬兰、法国、德国、意大利、卢森堡、马耳他、荷兰和瑞典等国家高于欧盟平均水平。其他欧盟成员国如匈牙利、罗马尼亚、捷克共和国、斯洛伐克和爱尔兰的知识产权密集型产业均有较高的就业比例，这归因于在其他国家开办的公司。如表3-6所示，总体而言，知识产权密集型产业所提供的欧盟工作岗位的20.5%产生于外国公司的子公司，而其中的大部分母公司来自其他欧盟国家。该比例在商标、设计和专利密集型产业中甚至更高。

表3-6　知识产权密集型产业就业占比归因于外国企业，2011~2013年欧盟平均水平

知识产权密集型产业	欧盟占比	非欧盟占比	非国内总占比
商标密集型	11.6%	8.9%	20.5%
设计密集型	13.2%	9.4%	22.7%
专利密集型	14.4%	11.5%	25.8%
所有知识产权密集型	11.8%	8.7%	20.5%

注："外国"企业指其总部设在另一个国家的公司。

最后，研究使用了专利数据以鉴别在对欧盟经济由其重要的气候变化

减缓技术（CCMTs）方面较为活跃的产业。整体上，2004～2008 年所研究的欧洲专利 5.9% 涉及气候变化减缓技术，该比例在 2013 年提高到 9% 以上。集中在气候变化减缓技术的产业分别贡献了 1.2% 的欧盟就业和 2.1% 的经济产出。这些产业在 2008～2010 年（2013 年研究）以及 2011～2013 年（2016 年研究）的表现远超欧洲产业总体经济表现。气候变化减缓技术密集型产业对于国内生产总值的贡献率持续增长，仅在 2011～2013 年就业率有轻微下降。该产业群在欧盟对外贸易方面亦扮演重要角色。2013 年，这些产业为欧盟创造出超过 1020 亿欧元的巨大贸易顺差。这些数字作为专利密集型产业的数据，已经纳入前表的总体数据之中。

3.3　方法及数据

本研究使用的基本方法与 2013 年研究相同的。然而，为使该报告具有独立性，报告大部分内容用于对本研究使用的方法进行引证，主要有如下两个原因。

（1）由于大量研究数据来自 28 个成员国，并分布在多个大型数据库中，数据处理十分复杂，需要一种全新而复杂的数据匹配方法；

（2）为了尽显本研究的透明度，需要提供尽可能详尽的方法描述。

本研究的另一个显著特点是数据库和其他数据源的多样性，各种数据被用来识别知识产权密集型产业，并评估相关产业对就业和国内生产总值等经济指标的贡献度。完整的数据源清单参见第 5 章。

此外，本研究在必要时使用了特定产业的第三国数据，特别是评估地理标志产品贸易时。

为了识别哪些产业是知识产权密集型产业，本研究将 EUIPO、EPO 和 CPVO 的知识产权登记数据库与商业数据库 ORBIS 进行匹配。❶ 由此产生的匹配数据库包含约 24 万家公司的数据，包括各公司申请和随后授权的欧盟商标、共同体外观设计、专利和共同体植物品种权情况，及其产业分类和各种金融和经济变量，形成了一套可用于未来更详细研究的数据。

使用这个数据库，计算每一种产业就业员工的人均商标、设计、专利和植物品种权数量，将高于平均水平的产业认定为"知识产权密集型产业"。这种计算是在欧盟层面进行的，不考虑数据库中各企业在各国家的知识产权申请。这种做法部分原因是迫于数据的局限性，但也基于这样一

---

❶ ORBIS 是一个有关欧洲企业财务信息的数据库，由 Bureau van Dijk 公司提供，该库的数据来源于各国企业登记簿或类似记录中的企业注册申请信息。因此，它包括全部公司的数据，无论该公司是否在证券交易所上市（通常为中小企业）。

个假设：如果一个产业因为其在欧盟层面的知识产权注册量而被界定为"知识产权密集型产业"，则将员工在国家层面的人均知识产权拥有量统计在内时，该产业也会被认定为"知识产权密集型产业"。❶

本研究所采用的方法背后有一个基本假设，即一个产业的"知识产权密集型"程度是该产业的固有特性，无论其处于什么地方。❷ 在评估各产业对经济的贡献时，测算的是该产业在欧盟各成员国和欧盟整体层面创造的就业量和国内生产总值，而不是相关知识产权的来源地。

例如，如果 A 国一家汽车公司在 B 国建立组装厂，那么因此创造的就业量和增加值，要归于 B 国的经济。因此，不能仅根据知识产权密集型产业对该国的贡献，就得出关于特定国家创新性程度的结论。在以上例证中，B 国专利密集型产业的较高贡献值来自于决定在何处为车辆生产选址，但可在 A 国或其他国家同时进行研发。

第 8 章给出了本报告所用数据库中的专利、商标、设计和植物品种权来源于哪些国家，并提供了各成员国知识产权密集型产业中，其他成员国或非欧盟企业创造的就业统计数据。

对于版权密集型产业，与 2013 年研究相比，新报告中更充分运用了 WIPO 方法。为了与美国专利及商标局（USPTO）早期发布的研究结果作比较，之前的研究仅包括了一小部分被 WIPO 认定为版权密集型的产业（按照 WIPO 方法得出的结果见附件）。相反，在本次研究中，更充分运用了 WIPO 分类，在由 WIPO 划分为"核心版权产业"的产业之外也包括一些"部分投入"产业，其至少 20% 的增加值可以归因于版权相关活动的产业。❸ 净效应是版权密集型产业数量增加了 46 个（从 2013 年研究中的 33 个到现在的 79 个），而知识产权密集型产业总数增加了 21 个，即从先前研究中的 321 个增加到现在的 342 个。第 5.6 节充分说明了研究版权密集型产业所使用的方法。

类似的，由于地理标志和植物品种权的特性，以及分类统计数据在欧洲层面的不可获取性，应使用特定方法对这两种知识产权权利进行分析，这一点在第 5.7 和 5.8 节做了描述。

---

❶ 为与 2013 年研究报告进行比较，保留该假设。然而，可以在未来研究中解决国家及欧盟层面的权利问题，以便核实是否纳入国家层面权利会产生不同结果。

❷ 地理标志是个例外，将根据国别进行分析。

❸ 使用了 WIPO 规定的因素来测量这些行业的总增加值，以便排除非版权相关活动。

4. 介绍

知识产权（IP）在现代经济中发挥着重要的作用。知识经济的发展、市场的全球化以及产品和服务的日趋复杂性都进一步提升了知识产权的重要性。对于发达国家的许多公司来说，其无形资产的价值远远超过有形资产的价值。经验显示，当公司试图从创新中获取附加值时，通常以互补形式考虑知识产权保护的其他方式。❶ 多数决策者意识到欧洲（及其他地区）未来经济增长和繁荣取决于知识密集型产业。

如图 4-1 所示，❷ 欧洲申请人的专利、商标和设计申请量在过去 20 年强劲增长，而且总的来说，虽然最近几年出现了全球经济危机，但这种增长仍然一直在持续（尽管增速较慢）。即使在战后几十年来最具挑战性的经济环境下，知识产权申请活动依然维持这种强劲趋势，这正是知识产权重要性日益增加的又一表现。

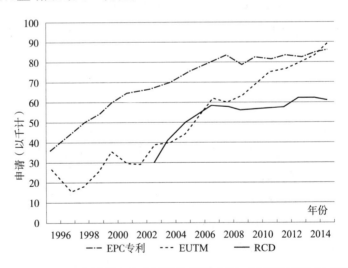

图 4-1 1996~2015 年欧盟申请人提出的 EPC 专利、EUTM 和 RCD 申请数量

迄今为止，知识产权及其经济贡献的量化证据往往是零碎和分散的，集中在单类权利和/或特定产业。传统上，知识产权对经济影响方面的研

---

❶ 参阅 Schwiebacher（2010）等。

❷ 在图 4-1 中，EPC 代表欧洲专利公约，EUTM 与 RCD 分别是欧盟商标及已注册的欧盟外观设计的缩写。

究集中于专利。近年来，一些研究也考虑商标对创新、增长、就业和工资的影响，但这些研究通常局限于个别国家。

本研究和 2013 年的研究一样，全面且可信地评估了密集使用知识产权的产业对欧洲经济的贡献，特别是评估其对国内生产总值（GDP）、就业和对外贸易的贡献。❶ 当然，知识产权也通过其他方式对经济产生影响，这些方式不在本报告中进行评估。例如，技术转让、创新和增长的长期效应，以及未通过市场交易货币化的知识产权创造和运用的相关外部效应等。

本研究报告涉及的知识产权为商标、专利、设计、版权、地理标志（GIs）、植物品种权（PVRs）。该报告考虑产业劳动力规模，识别出哪些产业使用这些权利的水平高于欧盟平均水平，并量化这些产业在欧盟及其各个成员国经济中的重要性。

本研究量化知识产权密集型产业对经济的集体贡献。然而，该研究结果并未能确定知识产权与经济变量之间的因果关系，也未比较不同类型知识产权保护的效果。不同知识产权有不同用途，用于不同经济领域，并适用于不同范围。本研究未分析知识产权对于单个公司的价值，但探讨的是知识产权对产业和欧盟成员国做出的贡献。任何产业中都有一些公司会比其他公司更密集地使用知识产权。本报告并不研究此类变化。同样地，公司遵循不同的知识产权保护措施。例如，某些公司更多依赖于商业秘密而非专利，或更依赖未注册的外观设计。因此，有一些重要的知识产权未被注册，故未被包含在本次研究中。

本研究报告将知识产权密集度定义为某个产业中知识产权数量除以该产业员工数量。这意味着，可能有某些产业中重要知识产权项数量较少但雇员数量较多。依照本方法，这类产业并不属于知识产权密集型。

2015 年欧盟知识产权局发布的一份报告作出了公司层面分析，将同产业内各知识产权密集型企业与非知识产权密集型企业进行对比，以检测知识产权密集型企业是否在就业或薪资指标方面表现更好。❷

该报告以如下方式构成，引言概述了报告涵盖的知识产权及其经济作用。第 5 章阐释了研究方法，包括数据收集及其分析处理。第 6 章和第 7

---

❶　2013 年研究报告参见：https：//euipo. europa. eu/tunnel – web/secure/webdav/guest/document_library/observatory/documents/ IPContributionStudy/full_report/joint_report_epo_ohim. pdf。美国专利商标局于 2012 年发布了一项关于美国经济的类似研究报告，参见：http：//www. uspto. gov/news/publications/IP_Report_March_2012. pdf。

❷　《欧洲知识产权和公司表现：经济分析》，参见：https：//euipo. europa. eu/tunnel – web/secure/webdav/guest/document_library/observatory/documents/IPContributionStudy/phase2/OHIM_study_report_en. pdf。

章介绍了在欧盟及单个欧盟成员国层面上对 6 种知识产权的产业分析结果。此外，还深入探讨了知识产权最密集型产业。第 8 章对本研究基于的知识产权来源进行了研究，结尾的第 9 章分析了在气候变化减缓技术方面取得发明专利的产业。

4.1　知识产权及其经济作用

自 20 世纪 90 年代中期以来，涉及知识产权的经济和管理文献的增多体现了当今竞争激烈的市场上知识资产的中心作用。科技出版物数量的增加（管理刊物和报纸报道的相应增多）反映出过去二十年中世界范围内专利、商标和注册设计数量的急剧增加，以及其作为产出指标来观察经济现象的作用。

作为一种政策手段，知识产权法律保护赋予个人和组织对其发明和创新成果享有排他的法律权利，以鼓励个人和组织进行创造和创新活动。本节简要介绍了本次报告研究的 6 种形式的知识产权——专利、商标、外观设计、版权、地理标志以及植物品种权，分别说明每类知识产权的相关保护主题、保护要求以及赋予的基本权利。此外，还简要总结了每一类知识产权背后的经济原理。

4.1.1　专利概述

专利保护可用作技术问题新解决方案的发明创作。若要取得专利权，发明创造必须是新颖的、非显而易见的（即包括创造性）以及可应用于产业之中。新颖性要求即是，在申请日之前，该发明未在任何地方公开过。为符合创造性的要求，该发明对本领域普通技术人员来说应具有非显而易见性。最后，该发明须能较容易地应用于产业之中。为保证专利充分有效并且可实施，专利是由专利局经过行政流程审查，并确认该发明创造符合法律要求之后予以授权。一旦专利权被授予，该专利所有者有权阻止任何其他实体对该发明进行商业利用。该类专有权受时间（虽然不同行政管辖区有差异并且可使用豁免权，一般情况下，专利保护期限为自申请日起 20 年内）和空间（即在授予国家地理边界之内可实行专有权）限制。

在欧洲，发明者可通过国家专利系统在单个欧洲国家申请专利保护，并且（或者）通过欧洲专利局（EPO）集中程序寻求区域保护。由欧洲专利局授予的欧洲专利权可在至多 42 个国家提供专利保护。一旦批准统一专利法院的协议得以大幅推进，则"单一专利"将成为在欧盟大部分地区有效的单一欧洲专利。

专利权主要通过两种方式促进技术进步、创新和社会福祉。[1] 第一种方式通过赋予发明人排他使用或出售该专利发明的权利使得个人因创新获得个人回报（"回报"作用）。鉴于创新过程最终结果是产生了竞争企业以极少或零成本即可利用的新知识，最终减少了创新者的奖励以至于不值得再进行任何创新活动，因此需要引入事先激励机制。通过提供适当激励来开展创新活动，以专利形式出现的发明专有法律权利有助于限制这种风险。

"合同作用"描述了专利权可促进创新的第二种主要方式，即通过给予发明者专有权以换取技术方案相关信息的披露。专利文件的公开有利于技术信息的传播，有利于他人利用这些技术信息开发出其他新的技术方案，为社会创造额外效益。信息披露和法律排他性的结合使得可以合同形式进行发明专利的利用（如许可）。

因此，可以得出两个支持专利权的传统经济论证——专利权是激励创新和促进新知识传播的手段。

4.1.2 商标概述

商标是用于辨认由某个人或组织提供的某些特定商品或服务的显著性标识，从而将其与其他组织区别开。商标通过让顾客在购买前辨识商品和服务的性质和质量，减少市场信息和交易成本。商标保护最常见的合法标识为：文字、图片、风格化文字、标志、颜色或颜色组合、形状、声音或以上标志的某种组合。一般来说，商标标识必须符合显著性要求。显著性意味着消费者可以识别该商标标识，并将其与同领域其他商标区别开来。如果商标在其提供商品和服务的性质、质量或任何其他特性方面有可能欺骗公众，则这些商标不能被注册。在商标局注册的商标（即注册商标）或在某些国家市场上实际使用的商标（即未注册商标）可以得到保护。商标注册并非在所有国家均为强制性的，但是在主张相关法律权利时注册商标可体现出优势，未注册商标则会更困难。[2] 注册商标所有者具有使用该注册的产品类别商品和服务的专有权，并能阻止他人在同领域使用任何相同或相似的标识。一般情况下，注册商标保护期限为 10 年，但若在后续期限（通常 10 年）持续支付费用，即可被无限续展。

---

[1] 有大量研究专利权的经济文献可供查询（最新的综述可查阅 Hall & Harhoff, 2012）。该综述讨论了专利所具有的经济作用，并评估其对经济的实际影响。还探讨了在各行业和各国家使用专利的不同方式，以及专利制度法律设计所产生的经济影响。

[2] 为使用某个未注册商标，所有者必须用事实证据证明该商标已经在相关公众心目中建立起声誉。

商标保护的基本经济原理为信息及声誉理论。

市场竞争产品之间在某些特点和属性方面可能会有所不同。如果消费者可以零成本获得这些产品的全部相关信息并进行适当地评估，以指导其做出购买决定，则这种差异本身不是问题。然而，通常情况下并非如此。普通消费者在实际购买产品之前，往往较难或不可能观察到产品特性。在这种情况下，一个受商标保护的品牌对消费者来说就是一个标志，即该产品的质量与消费者想到的品牌质量是一致的。

对商标的法律保护激励了研发，区分了产品的特征，并为市场提供了有益的信息。创建商标并建立其声誉，需要在产品质量、服务及广告上的大量投入。在缺乏法律保护的情况下，考虑到模仿竞争对手商标的有限成本，则很难会有动力来进行这种质量投资。

4.1.3　外观设计概述

外观设计❶保护产品外观、产品的一部分或其装饰。产品可以是任何工业或手工产品，包括包装、图形符号和字体。因此，外观设计保护产品外观但不保护其功能，其功能属于专利保护范围。授权的外观设计必须符合的要求包括，设计必须为全新的，并有单独特点。如果公众在申请日及以前未见过相同设计，则该设计被视为全新的；如果该设计带给用户的整体印象不同于以往任何一个设计，即该设计视为具有单独特点。虽然按照某些法律规定，通过披露某个文件或产品的设计（即未注册设计）也可自动获取设计权，但通常是根据其注册（即注册设计）程序给予工业设计保护。与商标类似，注册的外观设计比未注册的外观设计覆盖范围更全面。注册的外观设计所有者具有使用该设计的专有权并可阻止任何第三方使用该设计。在欧盟，注册的外观设计被赋予的权利最长为 25 年。欧盟外观设计最初的保护年限为自申请日起 5 年，并且可每 5 年进行更新，最长至 25 年。

外观设计专利权的经济价值主要基于促进创新的理念。产生新的外观设计是创造性活动，需要时间、技能和劳动力的巨大投入。如果不赋予专有权，则任何一方都可复制某项创造性设计并直接与原创作者进行竞争。因此，为新的设计提供法律保护将最终提高在设计创造及创意工作方面的投入。

---

❶　在本报告剩余部分，术语"外观设计"指"已注册的外观设计"。

4.1.4 版权概述

版权赋予权利人专有权以掌控其作品的使用（或经济利用），包括复制、传播、改编、翻译、表演或公共展示。需要注意的是，版权只适用于对于思想的表达，而非思想本身。欧盟层面不要求版权注册（不是版权注册制），❶ 作品在创作之时便自动得到保护。从这方面来看，版权与本报告涉及的其他知识产权大为不同。

尽管欧盟层面对版权及相关权利得到非常好的协调，但在国家层面版权保护仍然存在一些差异。但版权及相关权利保护的某些标准适用于所有根据法律实施国际条约（如《保护文学和艺术作品伯尔尼公约》）的欧盟成员国。

除了国际立法外，还有 9 项决议来协调欧盟成员国的实体版权法规定。

授予欧盟创作者、表演者、制作人及广播人员最重要的经济权利为：
- 录音制品及电影的作者、表演者、制作人以及广播机构的复制权；
- 录音制品及电影的作者、表演者、制作人以及广播机构的向公众传播的权利；
- 录音制品及电影的作者、表演者、制作人以及广播机构的发行权；
- 表演者及广播机构的录制权；
- 录音制品及电影的作者、表演者、制作人的租赁和（或）出借权，作者及表演者的租赁和（或）出借相关公平报酬权；
- 视觉艺术如绘画或雕塑作者的转售权（延续权）摄影；
- 录音制品的作者、表演者、制作人以及广播机构的广播权；
- 录音制品的作者、表演者、制作人以及广播机构通过卫星向公众传播的权利；
- 作者进行计算机程序复制、发行和出租的权利。

然而，应该指出的是，并非全部权利都适用于所有权利持有人，或只能在符合某些条件时才可适用。

受所有国家版权法保护的作品类型包括以下：
- 文学作品（包括小说、短篇小说、诗歌、戏剧作品及不论其内容为小说或非小说的其他著作）；
- 戏剧作品；

---

❶ 然而，在很多欧盟成员国可进行自愿注册。

- 音乐作品;
- 艺术作品（无论是二维，如素描、绘画等，还是三维，如雕塑、建筑作品）;
- 地图和工程制图（包括制图工作、计划、图纸、图表等）;
- 摄影作品;
- 电影摄影作品;
- 计算机程序及数据库。

除了经济权利外，作者还被授予精神权利（署名权、作品完整权及发表权）。即使版权已被转移至第三方，作者依然可主张这些权利。

相关权利为录音制品的表演者、制作人以及广播机构提供经济保护。在欧盟，电影制片人也受到相关权利的保护。

在欧盟，版权保护在作者一生及身后 70 年内皆为有效。相关权利的保护会在该表演、电影或广播播送发布或传播给公众之后持续 50 年。2011 年，欧盟表演者和录音制作人相关权利的保护期限从 50 年延长至 70 年。

版权的经济方面较为复杂，反映出创作者、传播者、表演者和消费者之间利益的各种权衡以及短期和长期影响。该制度的总目标是确保创作者及其他权利人获得适当补偿（从而使创新活动达到社会最优水准），同时为公众提供更多创意作品，使其他创作者能够在先前作品之上开展创作。

4.1.5 地理标志概述

地理标志（GI）是指在某些产品上将其与某个特定地理位置或来源联系起来（例如，某个城镇、地区或国家）的名称或标识。使用地理标志可以确保该产品因其地理来源而具有一定的质量、依照传统方法制造或享有一定声誉。

与"土地"的联系以及对产品制造的严格控制通常使生产地理标志产品的不同部门之间进行垂直整合：即农户、制造商，甚至批发和零售分销商。

地理标志主要应用于欧洲农业、食品和饮料产业。因此，本次研究只考虑农业地理标志。

假如符合某些互惠条件，欧盟也承认非欧盟国家地理标志。

地理标志主要有以下两种形式。

原产地名称保护制度（PDO）：使用认可的技术诀窍在特定地理区域生产、加工并制备的产品。产品特点唯一或主要归因于其生产地点以及当地生产者的技能。

地理标志保护（PGI）：声誉或特征与地理区域生产紧密联系的产品。对于地理标志保护农业产品和食品，生产、加工及制备中至少一个阶段在地区进行。对于地理标志保护葡萄酒，至少 85% 的葡萄来自地区。

地理标志与其他类别知识产权的另一区别是，商标、外观设计、专利及版权通常适用并属于私人实体（通常为单个公司），地理标志通常适用并由相关地理区域制作商协会管理。地理标志可由地区全部单个生产商使用，并遵守特定的生产方法。

在其经济作用方面，通过证明产品原产地及制造方法，地理标志具有与商标一样的解决卖家和买家之间信息不对称的问题并协助消费者减少其搜索成本的基本功能。这在消费者通常愿意支付地理标志产品溢价的事实中得到体现。❶

4.1.6　植物品种权概述

植物品种权（PVR）是一种知识产权（如专利权），但是专门针对原料生产和商业化的植物品种。

欧盟植物品种权（CPVR）制度建立于 1995 年，为欧盟植物新品种保护提供了集中程序。在欧盟植物品种权制度下，通过向欧盟植物品种局（CPVO）进行单次申请，可以在欧盟范围内获得使用某个植物品种的单一权利。

欧盟植物品种权制度与国家制度并存。然而，植物品种所有者不可能同时使用欧盟植物品种权和涉及该品种的国家品种权或专利权。当某项已经获得国家权利或专利权的品种被授予欧盟植物品种权时，则其国家权利或专利在该欧盟植物品种权期限内无效。

欧盟植物品种权制度的法律依据为关于欧盟植物品种权（基本规定）

---

❶　参见欧盟知识产权局 2016 年的报告《欧盟葡萄酒、烈酒、农产品和食品地理标志保护侵权情况》，https：// euipo. europa. eu/tunnel － web/secure/webdav/guest/document _library/observatory/ documents/Geographical _ indica-tions_report/geographical_indications_report_en. pdf。

的理事会条例（EC）第 2100／94 号。一旦获批，欧盟植物品种权期限为 25 年，若品种为土豆、葡萄及树品种，期限为 30 年。若品种为特定的属或种，这些期限还可依法延伸 5 年。欧盟植物品种权的作用是涉及品种成分或新保护品种收获物质的某些特定活动需要权利人事先授权。按条件和限制授予该类授权。

权利人可以对任何侵犯欧盟植物品种权的个人提起民事诉讼。

植物品种权的经济原理与专利相似：激励创新的同时促进整个经济领域知识的传播。

4.2 6 项知识产权总结

表 4 - 1 总结了专利、商标、注册外观设计、版权、地理标志和植物品种权的主要特点。

表 4 - 1　知识产权主要特点

知识产权	专利	设计	商标	版权	地理标志	植物品种权
主题	发明（技术问题解决方案）	物体、产品或其某部分的外观	识别某些商品或服务并区别于其他企业的显著标志	艺术、文学、戏剧、音乐、摄影和电影作品；地图和技术图纸；计算机程序和数据库	原产于特定地理位置，其质量或声誉与它的地理起源相关的产品	植物品种
保护要求	新颖性；创造性（非显而易见性）；实用性	新颖性；个性特点	显著性	作品创造性，不论其文学或艺术价值	说明产品特点和其与地理位置关系的技术规格	独特性、均匀性、稳定性和新颖性；商业用途
权利获得	由专利局审核后批准及生效	注册外观设计由知识产权局审核。披露行为发生即为自动获取未注册设计	注册商标由知识产权局审批。未注册商标用于商业活动	在创作时自动生成	由国家机构（视该国情况）及欧盟委员会顺序审查	由欧盟植物品种局选择审查机构进行审查，之后给予批准
授予的权利	制作、使用和出售专利所保护发明的专有权	使用设计并防止任何第三方未得到权利持有人同意而使用设计的专有权	在贸易中使用商标的专有权	复制、向公众传播，包括使作品向公众公开、分销、出租、转售、翻译、改编、公开表演	集体权利。将可比商品商业化并防止模仿或重现的专有权	将受保护植物品种商业化的专有权

续表

知识产权	专利	设计	商标	版权	地理标志	植物品种权
有效期	通常为自申请日 20 年内，视年费缴纳情况而定	对注册设计而言，最大期限为 25 年。欧盟注册设计期间长达 25 年（连续 5 年为一期）	对注册商标而言，期限一般为自申请日 10 年内，根据费用支付及连续期限情况也可无限期延长	对作者而言，期限为其一生以及身后 70 年。对表演者而言，期限一般为自首次公开演出、定影、出版或传播日期之后 70 年内。对录音制品制作者而言，期限为自定影、录音制品向公众发布或传播之后 70 年内。对于电影制片人而言，期限为自定影、电影向公众发布或传播之后 70 年内。对于广播公司而言，期限为首次传播之后 50 年内	未定，不需要更新	对于大多数的植物品种而言，期限为 25 年；葡萄、树木及土豆，视年费缴纳而定，年限为 30 年

5. 研究方法

本研究的目的是考查知识产权密集型产业的经济特点。正如 2013 年研究中所述，本研究尽可能地使用美国专利商标局（USPTO）研究（2012 年）中所使用的方法，目的是为了让这两项研究成果具有可比性。尽管如此，本研究涵盖 28 个国家，以三个独立知识产权局（欧盟知识产权局、欧洲专利局及欧盟植物品种局）提供的数据为基础，其研究方法必然与美国专利商标局（USPTO）研究方法存在明显差别。另外，本研究方法在版权方面进行了一些改进。最后一个差异是，本研究涵盖 6 种知识产权，比之前的研究多一种。尽管如此，各个研究方法背后的原则都是一样的：首先，确定哪一些产业使用的知识产权比其他产业的知识产权多；❶其次，利用产业层面经济统计来确定这些产业所生成的就业和增加值（国内生产总值）；第三，将产业层面的经济总量同整个经济体总量相比，以决定知识产权密集型产业的经济权重。

除了加入欧盟植物品种权（CPVR）及为了更加全面地体现世界知识产权组织方法而改变对版权密集型产业定义之外，本研究中采用与 2013 年研究完全相同的方法来确定知识产权密集型产业。实际上，商标、外观设计和专利，2013 年被确认为知识产权密集型领域，2016 年也被视为知识产权密集型领域。这是因为事实上知识产权密集度体现了某一产业结构特点，而这种结构在几年内不可能发生变化。因此，本章节大部分重复《2013 年报告》相应章节的内容。

本研究基本分析单元是欧洲统计局使用欧盟经济活动分类体系（NACE）定义的产业。❷该分类将全部经济活动分成 22 个部，再进一步分为 88 个子部（通常称为 2 位级）、272 个组（3 位级）以及 615 个类（4

---

❶ 这种方法没有考虑每个领域内知识产权使用的分布情况。换句话说，即使某个产业内只有少数公司密集地使用知识产权而剩余公司很少使用知识产权，该产业也可分为知识产权密集型产业。考查某一产业内知识产权使用范围的一个方法是使用来源于诸如在欧盟进行的欧盟创新调查的数据。这方面改进可在本研究未来版本中加以考虑。

❷ 关于欧盟经济活动统计分类体系（NACE）的更多具体内容，请登录以下网站：http://epp.eurostat.ec.europa.eu/cache/ITY_OFFPUB/KS－RA－07－015/EN/KS－RA－07－015－EN.PDF。需要注意的是，本研究和欧洲统计局文献中使用的"产业"仅指"经济活动"，即便某些"产业"在日常意义上不具备产业性。

位级）。欧盟经济活动分类体系结构如图 5 – 1 所示。

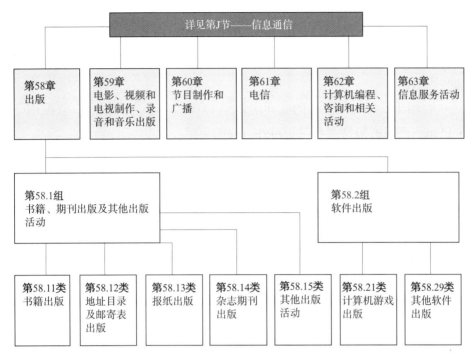

图 5 – 1　关于欧盟经济活动分类体系（NACE）结构举例，详见第 J 节——信息通信

如第 5.6 节和第 5.7 节中所述，密集使用版权和地理标志的产业表是预定的。尽管如此，对于专利、商标、外观设计及植物品种权，通过考查欧盟知识产权局、欧洲专利局及欧盟植物品种局在所有产业获得的相对于这些产业就业水平的知识产权量来确定知识产权密度。这是本研究最费力的部分，将在第 5.2 节中说明。关于专利、商标和设计数据如何使用将分别在第 5.3 节、第 5.4 节和第 5.5 节中进行说明。第 5.8 节解释植物品种权使用的方法。

5.1　数据来源及选择标准

本研究的另一个显著特点是数据库和其他数据源的多样性，各种数据被用来识别知识产权密集型产业，并评估相关产业对就业和国内生产总值等经济指标的贡献度。具体来说，同时利用以下数据库来达到这些目标。

- 欧盟知识产权局的欧盟商标及注册欧盟设计登记册。
- 欧洲专利局全球专利统计数据库（PATSTAT），其中包括欧洲专利局发布和/或授予的专利申请方面的信息。
- 欧盟植物品种局的欧盟植物品种权登记册。
- 商业数据库 ORBIS，其中包括产业分类及 2000 多万家欧洲公司的其他信息。该数据库与欧盟知识产权局和欧洲专利局数据库一起，是用于分析工业产权（专利、设计及商标）的基本数据库。商业数据库 ORBIS 是由总部位于布鲁塞尔的 Bureau van Dijk 公司提供，Bureau van Dijk 以公司登记册内公司提交的文件及其各自所在国家的政府记录为依据，编辑了这些数据。

- 用于欧盟对外贸易的欧洲统计局 COMEXT 参考数据库，数据用于量化知识产权密集型产业对于对外贸易的贡献。

- 欧洲统计局的结构性商业统计（SBS）数据，使用欧盟经济活动分类体系（NACE）的经济活动分类，说明欧盟及其成员国每个产业的就业、劳工成本及增加值。该数据是计算知识产权密集型产业对就业及国内生产总值（除地理标志之外）贡献的主要数据源。

- 欧洲统计局的劳动力调查（LFS）用来估算结构性商业统计（SBS）数据中没有报告的某些产业的就业情况。

- 欧洲统计局的国民核算统计是欧盟作为整体和其各个成员国国内生产总值总量及就业情况的官方数据主要数据源。

- 欧洲统计局的投入产出表（IOT）显示不同产业之间产品及服务流动情况。该数据主要用来量化知识产权密集型产业的间接就业贡献。

- 农业经济核算（EAA）是欧洲统计局关于欧盟农业领域统计的主要数据源。该数据库用于分析地理标志密集型产业。

- 农场结构调查（FSS）是欧洲统计局关于农业领域就业情况的数据源，用来量化地理标志密集型及植物品种权密集型领域的就业。

- 欧洲统计局作物统计，用来确定受作物品种权保护的植物种植区域。

- 几个欧盟成员国的国家统计局提供的经济数据；这些数据用来补充欧洲统计局数据，主要用于一些版权密集型领域。

- 欧洲境外分支机构统计（FATS）用来计算总部设在成员国境外的公司创造的知识产权密集型产业工作岗位数。

- E – Bacchus/E – Spirits – Drinks/DOOR 是欧盟农业和农村发展总司的三个数据库，显示了在欧盟境内注册的全部地理标志。

- 欧盟农业和农村发展总司提供了地理标志产品销售数据，用来量化地理标志密集型产业对国内生产总值的贡献。

另外，必要时非欧盟国家使用产业专门数据，尤其用来估算地理标志产品贸易情况，如第 5.7.1 节中所述。

选择用来分析的知识产权是 2004 ~ 2008 年向欧洲专利局、欧盟知识产权局及欧盟植物品种局申请并在之后授予专利、商标、设计及植物品种权。❶ 只选择了该时段一部分，目的是为了确保与美国专利商标局（USPTO）2012 年的研究具有可比性，部分原因是为了避免 2008 年金融危机后各个年度，因为这些结果可能会对相关研究结果造成影响。利用五年期而不是一年期主要有利于避免可能会对任何特定年份的经济产生影响的因素造成的偏差。当前研究保持在这一时间段内，以确保与 2013 年研究具有可比性。任何情况下，某个产业的知识产权密集度都具有结构性，不可能在三年时间内发生变化。

选择知识产权样本进行分析时，可采用 3～4 年的时间差，这是因为一项创新只有经过一定时间后才能产生经济效益。在动态环境成功实现商业化的前提条件下，评估诸如市场营销渠道、高性价比制造业及售后支持等互补资产也需要时间。另外，如果是新产品和服务，协商签订许可协议以及获得融资可能是个漫长过程。这可以解释为什么经验研究表明，成功专利申请和后续公司业绩变化之间存在时间差。❷ 商标和设计也适用于类似情况，因为最新注册的商标或设计不可能像已在市场内存在几年的商标那样带来相同的收益，要让消费者对特定公司或产品有信心，需要一定时间。

根据本章中所述方法确定的知识产权密集型产业的经济贡献，利用 2011～2013 年的经济数据进行分析，因此，需要对使用 2008～2010 年经济数据的早期研究进行更新。

所使用的知识产权是那些在欧盟层面注册的知识产权，不需考虑公司在各国数据库的备案情况。这种做法，部分原因是迫于数据的局限性，但也基于这样一个假设：如果一个产业因其在欧盟层面的知识产权注册量而被界定为"知识产权密集型产业"，在将人均员工在国家层面的知识产权拥有量也统计在内时，该产业也将会被认定为"知识产权密集型产业"。

欧洲专利局、欧盟知识产权局及欧盟植物品种局的数据必须与 ORBIS 数据库保持一致，但这种做法仅包括至少有一个总部位于欧盟的所有人的专利、商标和植物新品种，这是因为本研究使用版本的 ORBIS 数据库仅

---

❶ 换句话说，虽然在 2004～2008 年间提交的申请，但是可以在 2013 年 2 月前的任何时候授予相应的知识产权（当从基础数据库中提取用于匹配的数据时）。

❷ 霍尔格·恩斯特（1999 年）调查了 1984～1992 年 50 个德国机床生产商的专利申请和企业后续业绩变化之间的关系，他发现，如果是欧洲专利，时滞效应可达优先权后 3 年之久。

包括总部位于欧盟的公司。❶ 尽管如此，排除非欧盟知识产权所有人并不影响数据匹配行动（亦即知识产权密集型产业选择）的终极目标。该研究的基本假定：是否属于知识产权密集型产业是一个产业的天生特性，无论该产业的地理位置位于何处。在后续关于知识产权密集型产业对欧洲经济的就业和国内生产总值贡献的经济分析中，包括所有相关产业在内，无论每个产业内的公司最终属于谁。例如，位于欧盟成员国内的韩国人所有的汽车公司，也包括在欧洲统计局的统计之中，也包括在第 7 章的量化中。

5.1.1 经济数据

就业和增加值数据的主要来源为欧洲统计局结构性商业统计（SBS）数据系列，其在原则上说明了欧盟及每个成员国在每个 4 级欧盟经济活动分类体系（NACE）领域内的就业情况。实际上，由于以下一种或多种因素，欧洲统计局某些年度发布的统计存在数据差异。

● 数据质量：某些情况下，欧洲统计局和/或相关国家统计局可决定特定产业的数据是否存在质量问题。这些情况下，欧洲统计局不发布数据。尽管如此，需要注意，尽管那样，数据也包括在欧洲统计局的欧盟 28 级总估计中。

● 保密性：情况往往如此，那就是成员国内某个特定产业内，只有一个公司表现得活跃（这种现象在较小成员国中表现更甚）。这些情况下，欧洲统计局不会在成员国层面报告相关数据，以确保做好保密工作。尽管如此，这些数据还是包含在欧盟层面的总估计数据之中，同时用于更高层级（2 级）欧盟经济活动分类体系（NACE）产业。

● 排除某些产业：对于 16 个知识产权密集型产业，欧洲统计局结构性商业统计中根本没有报告什么数据。❷

当没有可用的欧盟统计局结构性商业统计数据时，使用其他欧洲统计局数据，即国家核算就业数据。这类数据与欧盟统计局结构性商业统计定义稍有不同，但这种差别对结果的影响微乎其微。❸

---

❶ 应该注意的是，美国专利商标局的研究（2012 年）受到类似限制，也就是用于分析的商标选自美国实体提交的商标，若选取的是专利，则均为美国公开上市公司的专利。

❷ 这些产业是指包括在 01 子部：作物和动物生产、捕猎和相关服务活动中的所有类别。66：金融服务和保险活动；85：教育活动；90：独创性艺术和娱乐活动；91：图书馆、档案、博物馆及其他文化活动；92：博彩活动；93：体育活动及娱乐休闲活动以及 94：会员组织活动。

❸ 具体地，两个 2 位级产业的欧盟统计局结构性商业统计数据丢失：01：作物和动物生产、捕猎和相关服务活动中以及 66：金融服务和保险活动。对于这两个产业，可从国家核算中获得相关就业数据。

对于欧洲统计局不收集的余下 14 个知识产权密集型产业数据，其就业数据是从法国、德国、西班牙和英国的国家统计局获得。首先计算出这四个国家每个产业的就业数与对应各 division 总就业数的比率（85 以及 90 到 94），随后将这些比率应用到欧盟其他国家，以获得缺失的就业数。实际上，这种方法假定这 14 个产业在欧盟内这六个部门总就业数中的份额等于其在法国、德国、西班牙和英国的份额。

总而言之，整个欧盟的 342 个知识产权密集型产业中，有 326 个产业有欧盟统计局结构性商业统计数据，而剩下 16 个产业的数据是根据上述方法通过成员国数据计算得来。❶

欧盟外贸的基本数据源是欧洲统计局 COMEXT 数据库。贸易数据的一个难点是这些数据是根据产品而不是产业或经济活动进行组织的。尽管如此，COMEXT 通过其"按活动分列的产品分类"（CPA 2008）法"转换"相关数据，这种方法与本报告通篇使用的欧盟经济活动统计分类方法一致。CPA 分类包括商品和服务。

如果是版权密集型产业，可从欧洲统计局的投入产出表❷中获取相关贸易数据，因为 COMEXT 中没有相关数据。这种情况针对以下欧盟经济活动统计分类子部，包括 25 个相关欧盟经济活动统计分类的类别：

- 58：出版活动；
- 59：电影、视频和电视节目、录音和音乐出版活动；
- 60：电台和电视广播活动；
- 62：计算机编程、咨询和相关活动；
- 63：信息服务活动；
- 73：广告和市场研究。

虽然第 58、59、60、62 和 63 子部的所有类别属于版权密集型类别，但是只能在 2 位级（子部级）获得贸易数据这一事实不会引起任何研究方法问题。但是，第 73 子部包括一个非版权密集型产业，即 73.20：市场研究和民意调查。虽然包括这一产业稍微高估了版权密集型产业的贸易份额，但是，因为该争议产业属于商标密集型产业，所以这对知识产权密集型产业的总体份额无任何影响。

由于不是所有产品均可进行交易，所以某些欧盟经济活动统计分类产

---

❶ 理论上，在成员国级别需要 9128 个数据点（28 个成员国的 327 个产业的就业或增加值）。但是，在国家级别所需要的总数据中，约有 1/10 未出现在欧洲统计局公布的 4 级统计数据中，并且这些数据是根据欧盟统计局结构性商业统计内的 2 级数据进行估计。估算的数据仅对捷克共和国、马耳他和荷兰影响较大。

❷ http：//ec. europa. eu/eurostat/web/esa – supply – use – input – tables/data/database.

业的进出口数据未能出现在欧洲统计局公布的贸易统计数据内。有其他
110 个知识产权密集型产业的贸易数据未在 COMEXT 内公布。这些产业主
要为批发、贸易和服务活动产业。对于剩余的知识产权密集型产业，均可
获得贸易数据。

5.2 专利、商标和设计的数据匹配

为了确定哪个产业属于知识产权密集型产业，欧盟知识产权局及欧盟
植物品种局名册和 PATSTAT 数据库同商业数据 ORBIS 匹配；商业数据
ORBIS 包含 2000 多万家欧洲公司的产业分类及其他信息。数据编制过程
的第一步（名称协调）利用比利时鲁汶大学开发的算法进行，然后由项目
团队进一步优化。❶ 第二步，亦即实际数据库匹配，在项目团队开发的
原始方法的基础上进行。各个数据库中的公司使用名称、法律形式、邮政
编码以及其他标准进行匹配，目的是为了克服因不同数据库之间的拼写、
缩写等差异所导致的固有难点。按国家，ORBIS 数据库中可以找到欧盟知
识产权局及欧洲专利局登记的 40% ~ 70% 公司所有人。为什么不能找到
所有专利、EUTM 或 RCD 所有者的原因有多个：ORBIS 没有包含私人
（可能是知识产权所有人）数据；申请人名称/姓名的变更可能没有告知
欧盟知识产权局和欧洲专利局；ORBIS 数据可能存在错误或差异；或者匹
配方法未能捕捉到拼写差异。

为了确保不让因某些权利所有人同 ORBIS 数据库不匹配而导致的偏
差进入数据之中，开发了一种运算方法，使用这种方法来查验 EUTM、
RCD 和专利在同 ORBIS 数据库匹配的公司中的频率分布是否接近在整个
所有者人口中的频率分布。❷ 如果运算方法表明匹配公司和非匹配公司之
间存在差异，则需要再进行一次人工匹配查验，目的是为了确保查验结果
的代表性。

这样做的最终结果将获得一个几乎囊括 240 000 家公司数据以及每家
公司申请的 EUTM、RCD 及专利数的数据库（等同于 ORBIS 数据库）。进
行匹配之后，过滤数据，最终仅包括 2004 ~ 2008 年提交以及其后注册/授
予的 EUTM、RCD 及专利申请。当与欧洲统计局使用的产业分类（欧盟经
济活动统计分类）进行整合时，数据就可以进行综合，显示哪些产业拥有
这些知识产权，这反过来可用来确定哪些产业在商标、设计和专利使用方

---

❶ 要了解本步骤的具体内容，请参阅附录中的第 11.1.1 节至第 11.1.3 节。

❷ 本报告中"频率分布"是指注册的专利、商标或设计数。换句话说，这是指注册一个商标、两个商标、三个
商标等等公司所占百分比。

面属于密集型产业。❶

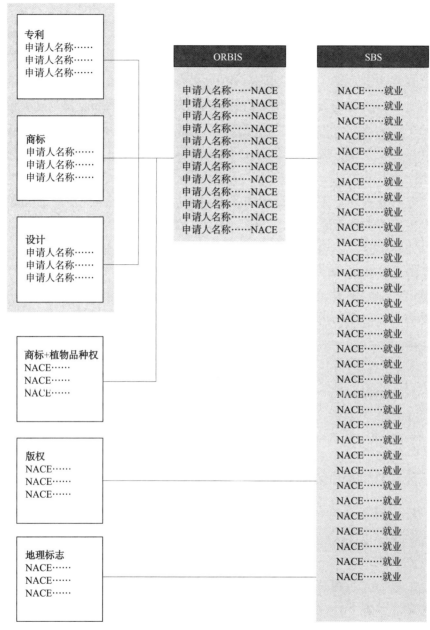

图 5-2 数据匹配过程简化示意图

---

❶ 虽然 ORBIS 是提取有关公司产业活动信息的最佳可用数据源，但是知识产权管理实践以及公司业务活动性质有时会让知识产权产业申请信息存在偏差。这样的情况是会出现的，比如，如果某一公司从事几种产业，并保护其所从事的每种产业的相关知识产权。在 ORBIS 数据库中，每个公司/分公司仅与一种主业相关，因此其全部知识产权仅同相关主业的欧盟经济活动统计分类代码联系起来。类似地，如果某一公司在制造和批发方面都表现得很活跃，但 ORBIS 数据库中显示批发贸易是其主业，则其知识产权将按批发贸易计算，尽管实际上该公司仅与制造业相关。

5.3 识别专利密集型产业

本节介绍专利密集型产业的识别方法。专利"密度"在欧盟层面分两步确定。首先，计算每个产业内受《欧洲专利协定》（EPC）保护的专利总数。这称为绝对密度。其次，对于每个产业，就像在欧洲统计局结构性商业通中报告的一样，专利总数除以在欧盟层面的该产业就业量。相除的结果就是该产业的专利"相对密度"。最后，对所有拥有专利的产业，计算总体就业专利相对密度。高于这一平均值的产业，被识别为"专利密集型产业"

在计算专利、商标和设计的"绝对密度"时，有两个重要的问题需要处理。首先是所谓的"总公司"问题，即在 ORBIS 数据中存在着一般性、非特定的产业代码，像是总公司 70.10 活动和控股公司 64.20 活动，这种现象反映了一种常见的商业做法，即大企业将知识产权组合在总部层面集中管理。为了避免歪曲"绝对密度"的计算结果，我们开发应用了一种程序，给这些知识产权分配合适的产业代码。此程序的描述参见附录11.1.9 节。

另一个数据限制问题，也是专利、商标和设计所共有的问题，是 ORBIS 中欧盟经济活动统计分类代码的分配采用的聚类层面比本分析所用的4 位级更高。对于"总公司"现象，这个问题通过在类（2 位级）或组（3 位级）内重新分配知识产权来解决。

5.3.1 绝对密度

1. 计算专利绝对密度，首先从 PATSTAT 数据库（2011 年 10 月版）开始，该库包含所有已公开的 EPC 专利申请。数据库中可用数据记录共达 3 525 852 条。

2. 下一步，只选出至少有一个所在地或住所在欧盟成员国的申请人的申请，共有 2 014 558 条记录。如前文所述，这并不影响专利密集型产业的识别，因为专利密度是一个产业的根本特征，不受地理位置或权属影响。

3. 接着，提取 2004 年 1 月 1 日到 2008 年 12 月 31 日期间提交的申请，记录总数减少至 684 953 条。

4. 将第三步产生的数据集，与按 5.2 节所述匹配程序编制的 PAT-STAT – ORBIS 对照表进行匹配。

PATSTAT – ORBIS 对照表的记录经过以下程序处理。

● 与基于规范化名称的各自 ORBIS 名称标识（ID）自动匹配（1 级匹配）。

● 与各自 ORBIS 名称标识（ID）人工匹配（2 级和 3 级匹配）。

● 根据其他数据源中可用信息，对与申请人活动相对应的欧盟经济活动统计分类产业代码进行人工匹配（匹配级别 4）。这类匹配仅限于尚未在前面阶段与 ORBIS 数据库进行匹配的申请人。

● 使用欧盟经济活动统计分类代码 – 专利类别匹配表自动与欧盟经济活动统计分类代码匹配❶（匹配级别 5）。这种匹配仅限于之前已经与 ORBIS 名称标识（ID）进行了匹配，但在 ORBIS 中没有提供欧盟经济活动统计分类分类信息的申请人。

5. 剔除匹配 PATSTAT – ORBIS 对照表后仍无欧盟经济活动统计分类信息的记录，剩下的 352 726 条记录用作进一步分析。

6. 对于每项专利申请，要根据申请人数量计算出一个分数（申请人因子），例如，如果一项申请有 4 个欧盟的申请人，分配到每一个申请人就是 1/4。这些分数计数仅适用于多个申请人都有欧盟经济活动统计分类代码的申请。在其他情况下，例如，如果一件专利有两个不同的申请人，一个是有确定的欧盟经济活动统计分类代码的企业，另一个是自然人或欧盟经济活动统计分类代码未知的企业，则整个专利将与欧盟经济活动统计分类代码确定的产业相关联。

7. 该数据集随后被过滤，只包含最终获批的申请，留下在 2004 年 1 月 1 日至 2013 年 2 月 8 日期间获得授权的申请。换句话说，已经提交但已被驳回或截至 2013 年 2 月尚未获得授权的申请不被纳入分析。过滤之后，数据集包含 94 471 条记录。

图 5 – 3 中总结了上述过滤步骤效果。

8. 随后，检查每个专利的每位申请人所在地是否在欧盟以外。如果是，则该专利的相应分数从该申请的最终分数中减去。

9. 接下来，对数据集里每个唯一欧盟经济活动统计分类产业代码的分数值进行汇总。

对于获得授权的专利，2004 年 1 月 1 日到 2008 年 12 月 31 日，由至少一个所在地位于欧盟的申请人提交的不同的专利申请总数是 100 967 件（31 569 条权利人名称标识）。其中的 91 289 件可以获取至少一个申请人的欧盟经济活动统计分类代码（21 740 条权利人名称标识，16 213 条 BvD

---

❶ 连接技术领域与产业部门《提交欧盟委员会研究总局的最终报告》，Ulrich Schmoch 等人编著。

公司名称标识），占本分析时间跨度内提交并随后获得授权的全部申请总数的 90.4% 。

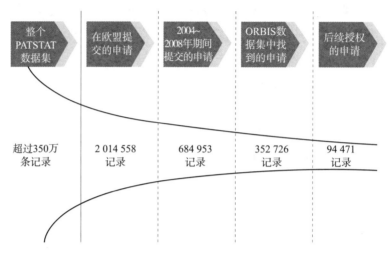

图 5 - 3　专利数据集过滤步骤概览

5.3.2　相对密度

专利相对密度，被定义为按一个产业的专利数量除以该产业的总体就业量计算。为方便描述，该密度显示为每 1000 名员工的专利数量。

专利密集型产业，被定义为每 1000 名员工的专利数量高于所有产业总体的"就业加权平均值"的产业。为作此比较，我们将欧盟统计局的就业数据与第 5.3.1 节所述的按产业分类的绝对密度数据库进行了匹配。

第一步，每个产业 2008 ~ 2010 年[1]在欧盟层面的就业量，从欧盟统计局的结构性商业统计数据表中提取。并非所有的产业每年都按 4 位级分类纳入表中。对于某些年份，可以获取欧盟经济活动统计分类组（3 位级）的数据，而组中仅有一个产业的小组级别数据缺失。在这种情况下，缺失的欧盟经济活动统计分类小组的数值，可以通过从"组"级代码值中减去所有可获取的小组代码总值而推算出来。由此产生的差值，可视为缺失的欧盟经济活动统计分类小组数值。如此推算出的数值被添加到小组级别可获取的就业量中，以作进一步分析。

使用这种方法，以前缺失的小组就业数据就可以推算出来，包括 2008 年和 2009 年的 22.11 小组和 22.22 小组，2009 年和 2010 年的 77.35 小组，以及 2008 年的 28.49 小组。同样，部分情况下也可以从现有的类

---

[1]　具体来说，使用了欧盟统计局的结构性商业统计数据库的变量 V16110。

级（2位级）数据来推算小组级别的就业数据。52.10小组的数据就通过这种方式推算而来。

为了尽量减少个别年份缺失数据点的影响，并消除任一给定年份的特异情况，整个分析中采用的就业量，是基于2008～2010年间可获取数据计算的每个小组产业的就业量平均值。该方法和在USPTO研究中所采用的方法相似。如果采用只选择一年（如2010年）的方法，将导致更多数据点缺失，从而产生更多需要通过类推或推算来填补的缺口。尽管那样，欧盟统计局结构性商业统计没有2008～2010年❶任何一年就业数据的绝对专利密度排行榜中，仍然出现了65个欧盟经济活动统计分类的类别（总共501个欧盟经济活动统计分类的大类）。

把专利绝对密度的数据与结构性商业统计的就业数据进行匹配时，这些缺失的数据点通过可获取数据的下一更高级别的聚类分析来进行处理。

因此，对于那些三年就业数据都缺失的欧盟经济活动统计分类小组（class），第一步是检查是否可以获取"组"（group）级别的数据。如果可以，专利数据会被汇到"组"级别，并与组级别的就业数据相匹配。同样，如果不能使用小组或组级别的就业数据，该专利数据会被分组到"大类"（division）级别（2位级），并与该"大类"的就业数据匹配。这种处理程序对于"35类"是必要的，因为其中"35.21小组"就业数据缺失。不可能如上所述来推算该"小组"的数据或者将数据汇总到"组"（group）级别，因为"35.2组"的就业数据缺失。因此，专利权被汇集到"大类"级别，并与此"大类"的就业数据匹配。

在专利数据排行中，有16个"大类"无法获取结构性商业统计就业数据。在这种情况下，会使用另一个欧盟统计局数据来源——劳动力调查（LFS）数据。计算劳动力调查就业数据的方法不同于结构性商业统计统计方法，可获取的劳动力调查最低级别数据为"类"（而不是"小组"）。在本次分析中，使用2008～2010年15～64岁年龄组的平均劳动力调查就业量。

仔细检查所得数据发现，显然某几个只有劳动力调查数据的产业，专利数量很少，但员工人数很多。这些产业主要是在公共部门：公共管理、教育、医疗保健和类似部门。

把这些产业纳入专利密度的总体就业加权平均值的计算，会降低该平

---

❶ 换句话说，如果可以获取2008年和2009年的数据，使用的数字是这两年的平均值。如果有2008年、2009年及2010年的数据，那么可使用所有这三年的平均数。如果三年中只有一年的数据，则采用该年的数据。

均值，以致更多产业会被列为专利密集型产业。结果是，专利密集型门槛会被设在一个较低水平，导致更多产业被列入专利密集型产业。

因此，为了避免结果出现偏差，在计算每 1000 个员工的专利平均总体价值时，决定忽略公共领域产业。❶ 另一方面，计算出平均总体价值，为了选择专利密集型产业的组别，考虑了所有欧盟经济活动统计分类代码（即，将专利密集性与总体平均数进行比较），包括只能获得劳动力调查就业数据的所有代码。在此过程中，那些只有劳动力调查就业数据的产业，都被证实为不属于专利密集型产业。

5.4 识别商标密集型产业

5.4.1 绝对密度

（1）商标绝对密度的计算从 EUIPO 的数据库开始，该库包含所有直接向 EUIPO 提交的 ECTM 申请❷或通过世界知识产权组织（WIPO）提交并指定欧盟为保护地区之一的国际注册（IR）数据，不论这些申请的当前状态如何。在 2013 年 1 月底，该数据库包含约 115 万条记录。

（2）就像对专利一样，对该数据集进行过滤，只包含那些在 2004～2008 年间提出的申请（受理日为 2004 年 1 月 1 日至 2008 年 12 月 31 日），记录数量减少到 381 990 条。使用受理日而不是申请日，是因为对国际申请而言，后者信息不可获取。

（3）下一步，只挑选至少有一个位于欧盟成员国的申请人的商标申请，记录数量减少到 268 524 条。

（4）由此产生的数据集与第 5.2 节所述匹配过程中编制的 EUIPO－ORBIS 对照表"进行匹配"（也可参见 5.3.1 节步骤 4）。

（5）在下一阶段，剔除从未公布的商标申请，余下的记录数量为 245 030 条。剔除没有申请人欧盟经济活动统计分类代码相关信息的记录后，记录数量减少到 175 388 条。

（6）对于每一件申请，使用第 5.3.1 节步骤 6 所述针对专利的相同方法，根据申请人数量计算出分数值（申请人因子）。

（7）接下来过滤数据集，仅包括成功的申请，亦即之后注册了商标。考虑到商标在 EUIPO 从申请到注册的时间可短至 6 个月，这意味着在实

---

❶ 具体来说，排除在总体平均值计算之外的欧盟经济活动统计分类代码是 84、85、86、87 和 88 类。
❷ 出于实用的/计算的原因，商标的数量实际上由商标注册 NICE 分类数量代表。NICE 分类用于指定使用商标的商品和服务类别。平均而言，每个 ECTM 涉及约 3 个 NICE 分类。

践中，2004～2008年的绝大多数成功申请已在2013年年初前登记注册，只有极少部分仍然处在异议程序中。该步骤产生进一步分析所需最终数据集，包括159 020项独立商标申请。

（8）然后检查每个商标的任何申请人（如有多个申请人）是否在欧盟之外设立总部。如果是，该商标的相应分数从申请的最终分数中减去。

（9）接下来，将数据集里每个欧盟经济活动统计分类产业代码的分数值进行汇总。

图5－4总结了上述过滤步骤效果。

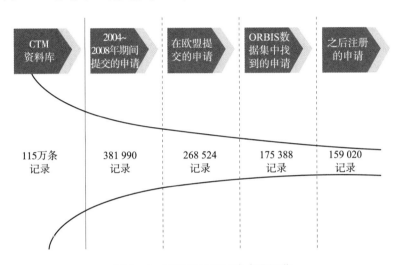

图5－4 商标数据集过滤步骤概览

在2004年1月1日至2008年12月31日期间，由至少一个所在地位于欧盟的申请人提交并随后注册的不同的商标申请总数为215 000件（106 795个不同的拥有人名称标识）。其中159 020件不同的申请可以获取至少一个申请人的欧盟经济活动统计分类代码（67 522个不同的拥有人名称标识，61 367个不同的ORBIS名称标识），占本分析时间跨度内提交并获得授权的全部申请总数的74%。

5.4.2 相对密度

商标相对密度，被定义为按一个产业商标的数量除以该产业的就业总人数计算。为了方便描述，密度用每1000名员工的商标数量表示。

商标密集型产业，被定义为每1000名员工的商标数量高于所有产业的总体就业加权平均值的产业。为作此比较，我们将欧盟统计局的结构性商业统计就业数据，与第5.4.1节所述的按产业分类的绝对密度数据库进行了匹配。

第一步，每个产业 2008 ~ 2010 年在欧盟层面的就业量，从欧盟统计局的结构性商业统计数据表中提取，并计算三年（或三年中可获数据的任何年份组合）的平均数。与专利分析的情况一样，有些小组（class）级的就业数据缺失。在可能的情况下，缺失的数据使用第 5.3.2 节所述程序进行推算。推算后，仍然有 108 个列入商标绝对密度排行的欧盟经济活动统计分类小组（总共 596 个小组），在 2008 ~ 2010 年任何一年的就业数据都无法在结构性商业统计中获取。正如对专利那样，当将结构性商业统计的就业数据与商标绝对密度的数据进行匹配时，这些缺失的数据点通过可获取数据的更高级别的聚类分析来进行处理。

在商标数据排行中，有 18 个"类"（division）无法获取结构性商业统计就业数据。在这种情况下，使用欧盟统计局的劳动力调查数据来代替，如第 5.3.2 节所述。

与专利的情况一样，某几个只有劳动力调查数据的产业，商标很少，但员工人数非常多。这些产业主要是在公共部门：公共管理、教育、医疗保健和类似部门。正如第 5.3.2 节所述，这些产业并没有包括在总体平均值的计算当中，以此避免将商标密集型的门槛设得很低，而导致将更多产业确定为商标密集型产业。然而，一旦该总体平均值计算出来后，为了识别知识产权密集型产业，则要考虑所有的欧盟经济活动统计分类代码产业（也就是说，将每个产业的商标密度与该总体平均值进行对比），包括那些只能获取劳动力调查就业数据的产业。

以下这些只有劳动力调查就业数据的类（division）级产业，研究证实是商标密集型产业：66（金融服务及保险活动辅助活动），92（博彩和投注活动）和 93（体育活动和娱乐及休闲活动）。

5.5 识别外观设计密集型产业

设计密集型产业的识别方法，与上述第 5.4 节所述商标密集型产业的识别方法非常相似。

5.5.1 绝对密度

（1）设计绝对密度的计算从 EUIPO 的数据库开始。该数据库包含了直接向 EUIPO 提交的所有的 RCD（欧盟注册外观设计）申请数据，❶ 在

---

❶ 欧盟知识产权局准许在一次申请中提交多项设计，因此本报告中使用的"设计申请"是指一次申请中的单个设计，而不是可以包含几项设计的申请本身。

2013 年 1 月底包含近 70 万条记录。

（2）就像对专利和商标那样，对该数据集进行过滤，只包括在 2004 ～ 2008 年间提交的申请（受理日为 2004 年 1 月 1 日至 2008 年 12 月 31 日），记录数量减少到 341 450 条。用受理日而不是申请日是为了商标计算保持一致。然而，鉴于设计申请与注册之间的间隔以天计量，这对分析没有实际影响。

（3）接下来，从未公布过的设计被过滤掉，将数据集里的记录减少到 335 411 条。通常只有注册设计才公布统计信息（以及递延设计只公布部分信息）。这意味着，所有公布的设计申请均已注册，所以没有必要在分析中对公布的设计和注册设计加以区分。然后将所得的数据集，按照和商标一样的方法与 EUIPO – ORBIS 对照表相匹配。

（4）仅挑选至少有一个位于欧盟成员国的申请人的申请，记录数量减至 294 285 条。

（5）对于上述每件申请，根据有关的申请人数量，使用第 5.3.1 节步骤 6 所述针对专利的相同方法，计算出一个分数值（申请人因子）。和商标不同，设计注册指定的洛迦诺设计分类（Locarno class）数量没有考虑在内。这个程序类似于专利的处理方式。由于设计是针对特定产品的，申请人关于洛迦诺设计类的数量选择是有限的。因此，不论其覆盖的分类多少，设计权始终算作一件。

（6）剔除没有申请人欧盟经济活动统计分类代码信息的记录后，记录数量减少到 239 561 条。

图 5 – 5 总结了上述过滤步骤效果。

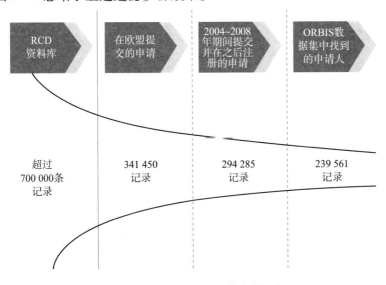

图 5 – 5　设计数据集过滤步骤概览

（7）随后，检查每个设计的每位申请人（在有多个申请人的情况下）所在地是否位于欧盟以外。如果是，该设计的相应分数从申请的最终分数中减去。

（8）接下来，将数据集里每个欧盟经济活动统计分类产业代码的分数值进行汇总。共有 626 个不同的产业代码与注册设计相关联。

在总共 262 101 个不同的设计（31 834 个拥有人名称标识）中，共有 216 825 个可获取至少一位拥有人的欧盟经济活动统计分类代码信息，占分析时间跨度内申请的所有注册设计的 82% 以上（18 073 个拥有人名称标识和 16 346 个 ORBIS 名称标识）。

5.5.2 相对密度

在计算出设计的绝对密度后，相对密度的计算方法就与专利和商标的相同。

在将绝对密度数据与欧盟统计局的结构性商业统计就业数据进行匹配，并按 5.3.1 节所述方法对缺失数据进行推算后，仍然有 75 个列入设计绝对密度排行的欧盟经济活动统计分类小组，2008～2010 年的就业数据无法在结构性商业统计中获取。

与商标的情况一样，在设计数据排行中，有 18 个"类"（division）无法获取结构性商业统计就业数据。正如第 5.3.2 节所述，在这种情况下，使用欧盟统计局的劳动力调查数据来代替，同时某些员工人数很多但设计很少的产业，被排除在总体平均值的计算之外（但也将这些产业与该平均值进行对比，以识别设计密集型产业）。分析证实，只可获取劳动力调查就业数据的产业，都不是设计密集型产业。

5.6 识别版权密集型产业

版权方面的知识产权密度（每 1000 个工作人员的知识产权数）不能使用商标、专利和设计相同的方法来进行计算，这是因为版权没有进行注册。版权注册确实存在于某些欧盟国家中，但是为了行使他们的权利，他们的使用不是强制性的。而且没有欧盟层面的注册。用来克服这种难点的方法是采用世界知识产权组织（WIPO）开发的、登记在 2003 年出版的《版权产业的经济贡献调查指南》中的一种方法。❶

WIPO 根据产业活动依赖于版权的程度，将产业分为四类：核心版权

---

❶ 该方法在下面被称为"WIPO 方法"。

产业、相互依存的版权产业、部分版权产业、边缘版权产业。

WIPO 定义的核心版权产业包括：

- 出版和文学；
- 音乐、戏剧作品、歌剧；
- 电影和音像；
- 广播电视；
- 摄影；
- 软件和数据库；
- 视觉和绘画艺术；
- 广告服务；
- 版权管理协会。

比如，独立产业有电视机或乐器制造；部分版权产业有家具或博物馆，而边缘版权产业有一般批发和运输。

具体来说，在核心版权产业类别中，WIPO 的《版权产业的经济贡献调查指南》明确区分了可以受版权保护的作品，创作这些作品的产业，以及将生产的版权作品交付公众的流通产业。《调查指南》将核心版权产业定义为"完全从事创作、生产和制造、表演、广播、传播、展览或发行及销售作品和其他受保护内容的产业"。隐含的思想是，如果没有作品版权，核心版权产业作为一个类别将不会存在，或将会面目全非。

本研究包括世界知识产权局确认的下列产业：

- 核心版权产业；
- 独立版权产业；
- 版权因素占 20% 以上的部分版权产业。

相互依存的版权产业是指从事生产、制造和销售某种设备的产业，这种设备的全部或主要功能是促进作品和其他受保护内容的创造、生产或使用。

部分版权产业是指部分活动与作品和其他受保护内容有关，并可能涉及创作、生产和制造、表演、广播、传播和展览或发行和销售的产业。

边缘版权产业是指部分活动与促进作品和其他受保护内容的播放、传播、发行或销售有关的产业，并且这些活动未包含在核心版权产业中。

本研究不包括边缘版权产业，因为它们的版权因素仅占 6%。附录 12 所示为版权密集型产业及相关因素总表。

欧盟版权密集型产业的就业量和总增加值（GVA）数据，从欧盟统计局的结构性商业统计数据库中获取。然而，有 12 类产业没有就业量和增加值数据。这些产业包括 85.52：文化教育；90.02：艺术表演配套活动；90.03：艺术创作；90.04：艺术设施经营；91.01：图书馆及休闲活动；91.02：博物馆活动；91.03：历史古迹和建筑物及类似旅游景点经营；93.21：游乐园及主题公园活动；93.29：其他游乐及休闲活动；94.12：专业会员组织活动；以及 94.99：其他会员组织活动，等等。为了在本研究中包括这些活动，从法国、德国、西班牙及英国的国家统计局获取这些领域的数据。❶ 将这四个国家相关领域的就业和增加值同整个欧盟相关领域的就业和增加值相互比较，得出的比率可合理假定代表整个欧盟的就业和增加值情况。这些比率被用来推算这些产业在欧盟层面的就业量和 GVA 数据。

5.7 识别地理标志密集型产业

制定研究方法时，必须考虑地理标志的两个重要特征。

● 地理标志并非由私人拥有；而通常是由地区生产商协会申请。这意味着没有可进行比较的数据库能用于匹配权利人信息与经济信息在这方面，地理标志与版权有一定的相似性，所用方法同样使用预先定义的一组产业（版权密集型产业由 WIPO 定义）。对地理标志而言，预先定义的这组产业，由欧盟相关法规及管理机构提供的信息源来确定。管理机构是欧洲委员会，具体来说是欧盟委员会农业总局。

● 对应于地理标志的给定欧盟经济活动统计分类小组产业的比例，在成员国之间的差异非常显著。❷ 这意味着，同一个产业在某个成员国是地理标志密集型的，但在另一个成员国则不是。这与本项研究中的另外四类知识产权形成对比，在任何给定的产业中，另外四类知识产权的密度是该产业固有特性的一种作用反映，并且可以放心假设，如果一个特定产业在一个国家是专利密集型的，那么在其他国家也是专利密集型的。但是，这个假设不适用于地理标志，地理标志相关的就业和增加值必须按国别进行量化。

此外，地理标志产业往往是垂直整合的。例如，地理标志葡萄酒的名称标识（迄今最重要的地理标志）是基于葡萄生长和处理的特定地区。这意味着，如第 6 章将进一步讨论的那样，投入产出表不适于计算地理标志产业的间接就业；事实上，这些产业的就业数据已经同时包括了直接就

---

❶ 尽管尝试从其他成员国获取这类数据，但是，许多国家统计局都没有这类数据。

❷ 例如，约 25% 的德国啤酒销售受到地理标志保护，而几乎没有比利时啤酒使用这种地理标志保护。

业和间接就业。

在欧盟大约有 3400 项注册地理标志，分别在四个不同法规中进行
定义：

- 其中 56.4% 与葡萄酒有关❶；
- 31.3% 涉及农产品和食品❷；
- 12.2% 与白酒相关❸；
- 0.1% 涉及加香葡萄酒❹。

80% 以上的地理标志产品在 6 个成员国注册：意大利、法国、西班
牙、希腊、葡萄牙和德国。虽然地理标志在非欧盟国家的使用越来越多，
但地理标志主要还是一种欧洲现象。

我们对地理标志密集型产业的识别及其增加值和就业量的计算，是基
于欧盟委员会农业总局在 2012 年发表的一份研究报告——《受地理标志
（地理标志）保护的农产品和食品、葡萄酒、加香葡萄酒和烈性酒的产
值》，❺ 辅以如下所述欧盟统计局和其他来源的数据。

欧盟委员会农业总局的研究按产品和成员国计算地理标志产品的产量
和销售额。对于整个欧盟来说，地理标志产品占所有食品和饮料销售额的
5.7%，各成员国之间差异显著，如表 5 - 1 所示。要注意的是，虽然所有
成员国都有地理标志产品，但有些并未显示在表中，因为它们没有出现在
欧盟委员会农业总局的数据中。据推测，这些地理标志产品的销售量微不
足道，缺失这些数据不会影响总体结论。

为了评估地理标志对各成员国就业和增加值的贡献，我们计算出每个
产业和各成员国的一个因子，以显示地理标志占产业销售额的百分比。由
于欧盟委员会农业总局的研究不包括产业总销售额的数据，所以以用欧盟统
计局的营业额数据来计算该销售额比例。换句话说，用欧盟委员会农业总
局报告中的地理标志产品销售额除以欧盟统计局结构性商业统计的总产品
（地理标志 + 非地理标志产品）营业额来计算按国别和产品的因子。这个
比率被应用到结构性商业统计数据库中的就业和增加值数据，以计算地埋

---

❶ 欧盟第 1308/2013 号法规。

❷ 欧盟第 1151/2012 号法规。

❸ 欧盟第 110/2008 号法规。

❹ 欧盟第 251/2014 号法规。

❺ http：//ec. europa. eu/agriculture/external - studies/value - gi_en. htm.

标志产品对就业量和增加值的贡献。❶

表 5 - 1　2010 年按国家分类的地理标志销售额

国家	饮食总销售额产业 （百万欧元）	属于哪种地理标志 （百万欧元）	地理标志份额
法国	143 600	20 854	14.5%
意大利	124 000	11 806	9.5%
希腊	11 100	1058	9.5%
葡萄牙	14 000	1158	8.3%
奥地利	11 600	932	8.0%
匈牙利	7400	496	6.7%
英国	88 900	5506	6.2%
西班牙	80 700	4578	5.7%
斯洛伐克	3600	165	4.6%
丹麦	151 800	5728	3.8%
罗马尼亚	9800	268	2.7%
爱尔兰	22 200	607	2.7%
保加利亚	4100	99	2.4%
捷克	10 600	242	2.3%
立陶宛	2900	23	0.8%
荷兰	59 800	105	0.2%
比利时	39 000	45	0.1%
总计	956 200	54 346	5.7%

资料来源：欧盟农业和农村发展总司（2012 年）。

最重要的地理标志产业（葡萄酒）需要特殊处理，因为欧盟统计局不公布农业等第一产业的结构性商业统计统计数据。因此，欧盟经济活动统计分类 01.21（葡萄种植）增加值和就业的数据必须从其他来源获取。具体来说，该产业的就业数据要根据欧盟统计局的农场结构调查（FSS）数据进行评估。生产情况是从其他欧洲统计局数据系列提取的：农业经济核算（EAA）随后，结构性商业统计中欧盟经济活动统计分类 11.02（葡萄酒生产）增加值/营业额比率被应用到 01.21 和 11.02 的产值之和，得出有关葡萄酒生产的增加值的评估数值。❷

---

❶ 隐含假设是，地理标志和非地理标志产品之间的增加值和就业比率，与地理标志和非地理标志产品之间的销售额比率相同。这可能并不准确，因为地理标志产品相对于非地理标志产品通常有一个价格溢价。另一方面，地理标志产品生产成本也可能更高，这将至少在部分程度上抵消误差。

❷ 这里再次假设，农业经济账目中的葡萄酒行业营业额/产值比率，与欧盟统计局结构性商业统计（SBS）中的该比率相同。

5.7.1 地理标志对外贸的贡献

出口

上面提到的欧盟委员会农业总局研究包含了 2010 年按国别和地理标志产业的出口数据，这些数据基于欧盟委员会农业总局自己的数据和欧盟统计局的外贸参考数据库 COMEXT。第 6 章的结果展示中使用了此数据。

进口

虽然地理标志产品从欧盟到非欧盟国家的出口容易界定，但确定什么构成"地理标志进口"则困难很多。严格地说，这是因为 2013 年，欧盟仅承认 19 种欧盟外地理标志（受保护原产地名称），这些欧盟外地理标志中最重要的有来自美国加利福尼亚州的那帕葡萄酒，来自巴西的葡萄园山谷，来自印度的大吉岭红茶以及来自哥伦比亚的哥伦比亚咖啡。尽管如此，除了通过直接注册保护的第三国地理标志之外，欧盟与许多国家都签订了双边协议，为 1600 多种产品提供类似于地理标志的保护。另外，欧盟同墨西哥签订了关于酒类产品的协议，也同其他国家签订大量协议。尽管如此，仅有从这些国家中一些国家进口的葡萄酒、墨西哥龙舌兰酒及哥伦比亚咖啡的进口量比较大。❶

因此，"地理标志进口"是指从第三国进口通过直接地理标志注册或者签订双边或多边国际协议而受欧盟保护的葡萄酒、白酒、芳香葡萄酒、农产品和饲料。

COMEXT 数据库提供按原产国的葡萄酒进口信息，但没有区分双边协议受地理标志保护的葡萄酒和未受地理标志保护的葡萄酒。然而，智利的葡萄酒出口统计显示，该国 72% 的葡萄酒出口是地理标志产品，这可视为欧盟进口葡萄酒相应数字的一个很好的估测值。

因为根据定义，一个地区的出口是另一个地区的进口，我们可以合理假设，欧洲从非欧盟国家进口葡萄酒中的地理标志产品份额，对应的就是智利葡萄酒出口中的地理标志产品份额。因此，从欧盟与之签订相关协议的 13 个国家的全部葡萄酒进口数字乘以 0.72 从相关国家进口的其他产品（如墨西哥龙舌兰酒、秘鲁皮斯科白兰地或瑞士奶酪）增加到进口统计结果之中，从而计算欧盟地理标志产品进口总估计值。

---

❶ 欧盟也从阿根廷和新西兰等国家进口大量的葡萄酒，但没有同这些国家签订双边协议，这些进口不算作"地理标志进口"。

5.8 识别植物品种权密集型产业

为了确认植物品种密集型产业，本研究以欧盟植物品种局（CPVO）的注册数据为基础。这些数据包括 2004～2012 年的 23 014 项申请。申请人来自于 58 个国家。与专利情况一样，仅考虑申请人在欧盟成员国之一成功提交的申请，比如已经授予欧盟植物品种权的申请。这类申请一共有 15 133 项。

对于专利、商标及设计，欧盟植物品种局数据与 ORBIS 数据库进行匹配，目的是为了确认申请人活跃从事经营的产业。其中 12 733 项申请成功匹配。

图 5-6 总结了上述过滤步骤效果。

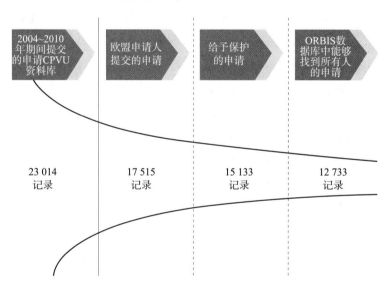

图 5-6 植物品种权数据集过滤步骤概览

申请人名单中共出现 69 个欧盟经济活动统计分类代码。表 5-2 所示是 2004～2008 年提交最多数量申请的产业以及每个欧盟经济活动统计分类代码代表的申请提交所在国家数目。

表 5-2 2004～2008 年向欧盟植物品种局提交的申请

欧盟经济活动统计分类代码	欧盟经济活动统计分类对应的具体产业	申请提交	国家
01.19	其他非常年作物的种植	1207	9
01.11	谷物（除稻谷外）、豆科作物及含有种子种植	775	8
01.30	植物繁殖	716	8
46.21	粮食、未加工烟草、种子和动物饲料批发	600	8

欧盟经济活动统计分类代码	欧盟经济活动统计分类对应的具体产业	申请提交	国家
01.13	蔬菜、瓜类、薯类作物种植	600	8
77.40	知识产权及类似产品租赁（受版权保护作品除外）	574	3
46.22	花卉批发	549	7
72.19	自然科学和工程学的其他研究与实验开发	386	11
72.11	生物技术研究与实验开发	286	2
01.61	作物生产的配套活动	150	4
47.76	专门店中鲜花、植物、种子、肥料、宠物和宠物食品零售	102	4
46.11	农业原材料、活体动物、纺织原材料和半成品销售代理	101	2
01.64	繁殖用种子加工	98	6
01.50	混合农业	39	3
46.31	果蔬批发	30	6
81.30	景观服务活动	16	3
74.90	其他专业、科学和技术活动（未在别处分类）	13	4

如表 5-2 所示，农业和园艺部门是欧盟植物品种权的主要用户。由于欧洲统计局提供的有关这些部门的就业数据不够详细，因此需要开发一种确定这些部门欧盟植物品种权密度的替代方法。为了确定农业哪些子部门比其他部门更依赖于植物品种权，计算每种作物每 1000 公顷的欧盟植物品种权申请的平均值。该计算的结果详见表 5-3。

表 5-3　每 1000 公顷植物品种权申请最多的 20 种作物

作物	每 1000 公顷植物品种权利申请数	是否高过平均数
花和观赏植物	72.70	是
蓝莓	20.21	是
芳香、药用和烹饪植物	3.66	是
莴苣	3.16	是
黄瓜	1.61	否
菊苣	1.54	否
韭葱	1.05	否
辣椒（辣椒属）	0.96	否
大麻	0.94	否
杏子	0.90	否

作物	每1000公顷植物品种权利申请数	是否高过平均数
草莓	0.85	否
桃子和油桃	0.69	否
小萝卜	0.69	否
芹菜	0.68	否
卷心菜	0.50	否
甜羽扇豆	0.49	否
亚麻籽（榨油亚麻）	0.39	否
木莓	0.31	否
菠菜	0.29	否
西红柿	0.28	否

随后，欧盟植物品种权每1000公顷最高使用密度与确定欧盟农业占有地象征性的第1242/2008号法规（EC）定义的农业部门联系起来。第1242/2008号法规根据农作物专业性对22种农业占有地进行分类。由于每1000公顷欧盟植物品种权申请数超过平均密度的作物主要是园艺，因此，可以认为该部门是农业中最具植物品种权密集型部分。具体地说，第1242/2008号法规（EC）定义的专业园艺包括以下部分：

- 专业蔬菜；
- 专业花卉及观赏植物；
- 混合园艺。

其他园艺包括：

- 专业蘑菇；
- 专业苗圃；
- 各种园艺。

6. 欧盟层面的知识产权密集型产业

本章介绍第 5 章所述分析的主要结果：识别欧盟层面的知识产权密集型产业，具体而言，既针对本研究涉及的 6 类知识产权分别进行识别，又从总体知识产权密度视角进行识别，即将多类知识产权的同时使用也考虑进去。

6.1　知识产权密集型产业

总体上，2004 ~ 2008 年，在 615 个欧盟经济活动统计分类分类产业中，有 449 个数据库匹配的产业成功申请专利。其中，140 个是专利密集型产业，即每 1000 名员工拥有的专利平均数量超过了 0.69 这个总体平均值。

表 6 - 1 显示了前 20 个专利密集型程度最高的产业。专利密集型产业的完整名单详见附录 11.2。

表 6 - 1　前 20 个专利密集型程度最高的产业 *

欧盟经济活动 统计分类代码	欧盟经济活动统计分类对应的具体产业	专利/1000 个 工作人员
28. 24	电动手持工具生产	109. 74
77. 40	知识产权及类似产品租赁（受版权保护作品除外）	69. 23
21. 10	基本医药产品制造	27. 57
20. 59	其他食品制造（未在别处分类）	19. 08
72. 11	生物技术研究与实验开发	15. 64
26. 70	光学仪器及摄影器材制造	13. 67
26. 51	测量、检验及导航仪器和设备制造	13. 35
27. 51	家用电器制造	13. 12
28. 91	冶金机械制造	12. 33
26. 60	放射、电子医学及电子医疗设备制造	12. 26
28. 94	纺织、服装和皮革生产机械制造	9. 84
72. 19	自然科学和工程学的其他研究与实验开发	9. 65
24. 45	其他有色金属生产	9. 56
26. 30	通信设备制造	9. 35

欧盟经济活动统计分类代码	欧盟经济活动统计分类对应的具体产业	专利/1000 个工作人员
26.11	电子元件制造	8.51
06.20	天然气开采	8.51
30.99	其他运输设备制造（未在别处分类）	7.99
20.11	工业气体制造	7.77
28.95	纸张和纸板制品机械制造	7.58
30.40	军用战车制造	7.58

* 基于 2004~2008 年提交并在之后授予的专利申请。

专利密集型产业清单中，制造活动（常称为第二产业）占主导地位，前 20 个产业中，制造活动占 16 个产业。清单中有三个服务产业（第三产业），包括两个研究相关产业和一个代码为 77.40❶ 的包括诸如知识产权组合项目许可和管理的产业。在前 20 个产业中，有一个产业属于第一产业，即天然气开采。

6.2 商标密集型产业

总体来说，615 个欧盟经济活动统计分类分类产业中，有 501 个产业使用商标，其中有 277 个产业属于商标密集型产业，亦即每 1000 名工作人员的平均商标数超过 3.16 的整体平均数。

表 6-2 显示了前 20 个商标密集型程度最高的产业。商标密集型产业的完整名单详见附录 11.3。

与专利密集型产业清单类似，制造业（常称为第二产业）占主导地位，前 20 个商标密集产业中，制造业占 13 个。剩下的 7 个产业属于服务业（第三产业）。

---

❶ 欧洲统计局对 77.40 产业的官方定义如下：该产业包括准许他人使用知识产权产品和类似产品而需要向产品所有者（如资产持有人）支付使用费或许可费的活动。这些产品租赁可采取任何形式，比如准许复制，在后续工艺或产品中使用，按照特许授权方式经营企业，等等。当前所有者可能已经或者没有生产这些产品。该类别包括：
- 其使用需要收取版费或租赁费的知识产权产品（除版权作品，比如书籍或软件外）的租赁；
- 专利实体、商标或服务标志、品牌名称、矿产勘探和评估以及特许协议。

与这类产业相关的公司团体包括与其他公司不存在经济联系的独立公司以及主要活动是负责管理母公司知识产权组合项目的分公司。

表 6 - 2　前 20 个商标密集型程度最高的产业 *

欧盟经济活动统计分类代码	欧盟经济活动统计分类对应的具体产业	商标/1000 名工作人员
77.40	知识产权及类似产品租赁（受版权保护作品除外）	212.22
21.10	基本医药产品制造	38.81
11.02	葡萄酒制造	38.78
72.11	生物技术研究与实验开发	35.91
20.42	香水及卫生间设备制造	32.40
26.60	放射、电子医学及电子医疗设备制造	27.08
30.99	其他运输设备制造（未在别处分类）	26.63
32.40	游戏和玩具制造	26.21
32.30	体育运动商品制造	25.52
61.90	其他通信活动	25.46
58.21	计算机游戏出版	25.05
11.01	白酒蒸馏、精馏及调和	24.47
59.13	电影、视频及电视节目发行活动	24.35
63.12	门户网站	24.32
17.24	墙纸生产	23.42
24.45	其他有色金属生产	22.70
32.99	其他制造（未在别处分类）	22.54
10.73	通心粉、面条、方便面和类似的粉面制品制造	22.17
18.11	报纸印刷	21.51
59.20	录音及音乐出版活动	21.26

* 基于 2004～2008 年期间提交并在之后授予的商标申请。

6.3　外观设计密集型产业

　　总体来说，615 个欧盟经济活动统计分类分类产业中，有 470 个产业使用外观设计，其中有 165 个产业属于外观设计密集型产业，亦即每 1000 名工作人员的平均设计数超过 1.61 的整体平均数。

　　表 6-3 显示了前 20 个外观设计密集型程度最高的产业。外观设计密集型产业的完整名单详见附录 11.4。

表 6-3　前 20 个设计密集型程度最高的产业*

欧盟经济活动 统计分类代码	欧盟经济活动统计分类对应的具体产业	设计/1000 个工作人员
26.52	手表和钟表制造	90.68
77.40	知识产权及类似产品租赁（受版权保护作品除外）	78.59
25.71	刀具制造	70.23
23.41	陶瓷家用和装饰品制造	66.24
46.48	手表和珠宝批发	39.80
27.40	电气照明设备制造	39.18
28.24	电动手持工具生产	36.98
14.11	皮衣生产	35.52
32.30	体育运动商品制造	30.79
27.51	家用电器制造	29.08
32.40	游戏和玩具制造	26.25
28.14	其他塞子及阀门制造	25.21
23.49	其他陶瓷产品制造	24.36
32.99	其他制造（未在别处分类）	23.70
23.42	陶瓷卫生设备制造	23.05
46.47	家具、地毯及照明设备批发	22.17
30.99	其他运输设备制造（未在别处分类）	22.13
25.72	锁具及铰链制造	21.57
46.42	衣物和鞋履的制造	19.66
17.22	家用卫生洁具及洗手间其他必需品制造	17.08

* 基于 2004～2008 年提交并在之后授予的设计申请。

专利密集型产业名单中，居主导地位的是制造业（常被称为第二产业），占上表 20 个产业中的 16 个。名单上有 4 个是服务业（第三产业），包括 3 个与研究相关的产业。与专利和商标一样，77.40 产业也是外观设计密集型最高的产业之一。

6.4　版权密集型产业

表 6-4 和表 6-5 列出了本研究所包含的、经第 5.6 节确认的版权密集型产业。表 15 中，"类型"一栏是指根据世界知识产权组织的分类，产业属于核心产业、相互依赖产业还是部分产业。"因素"一栏是指每个部门活动与版权关联度百分比。

表 6 – 4　核心知识产权密集型产业

欧盟经济活动统计分类代码	欧盟经济活动统计分类对应的具体产业
58.11	书籍出版
58.13	报纸出版
58.14	杂志期刊出版
58.19	其他出版活动
58.21	计算机游戏出版
58.29	其他软件出版
59.11	电影、视频及电视节目制作活动
59.12	电影、视频及电视节目后期制作活动
59.13	电影、视频及电视节目发行活动
59.14	电影放映活动
59.20	录音及音乐出版活动
60.10	广播
60.20	电视节目制作及广播活动
61.20	无线通信活动
62.01	计算机编程活动
62.02	计算机咨询活动
62.03	计算机设施管理活动
62.09	其他信息技术和计算机服务活动
63.12	门户网站
63.91	新闻机构活动
63.99	其他信息服务活动等
73.11	广告代理
73.12	媒体展示
74.10	专业设计活动
74.20	摄影活动
74.30	笔译和口译活动
90.01	表演艺术
90.02	表演艺术配套活动
90.03	艺术创作
91.01	图书馆及档案活动
93.29	其他游乐休闲活动
18.11	报纸印刷
18.12	其他印刷
18.13	印前和预媒体服务
18.14	装订及相关服务

续表

欧盟经济活动 统计分类代码	欧盟经济活动统计分类对应的具体产业
18.20	记录媒介的复制
47.61	专门店书籍的零售销售
47.62	专门店报纸和文具零售销售
47.63	专门店音乐和音像零售销售
61.10	有线通信活动
61.30	卫星通信活动
61.90	其他通信活动
63.11	数据处理、储存和相关活动
79.90	其他预订服务及相关活动
82.19	复印、文件编制和其他专业化办公支持活动
85.52	文化教育
90.04	艺术机构的运营
93.21	游乐园及主题乐园活动
94.12	专业成员组织的活动

表 6-5 相互依赖和部分版权密集型产业

欧盟经济活动 统计分类代码	欧盟经济活动统计分类对应的具体产业	类型	因素
17.11	纸浆生产	相互依存	25.0%
17.12	纸张纸板生产	相互依存	25.0%
20.59	其他食品制造（未在别处分类）	相互依存	25.0%
28.23	办公机械和设备（电脑及周边设备除外）	相互依存	30.0%
26.20	计算机及外围设备制造	相互依存	30.0%
26.30	通信设备制造	相互依存	30.0%
26.40	消费电子产品制造	相互依存	30.0%
26.70	光学仪器及摄影器材制造	相互依存	30.0%
27.31	光缆制造	相互依存	30.0%
32.20	乐器制造	相互依存	35.0%
46.43	电气家用电器批发	相互依存	19.0%
46.76	其他中间产品批发	相互依存	25.0%
46.51	电脑、计算机外国设备和软件批发	相互依存	30.0%
46.52	电子和通信设备及备件批发	相互依存	25.0%
46.66	其他办公机器设备批发	相互依存	30.0%
47.43	专门店音像设备零售	相互依存	33.3%
47.41	专门店电脑、外国设备和软件零售	相互依存	33.3%

欧盟经济活动统计分类代码	欧盟经济活动统计分类对应的具体产业	类型	因素
47.78	专门店其他新商品零售	相互依存	33.3%
77.33	办公机器设备租借和出租（包括电脑）	相互依存	35.0%
77.39	其他机械设备和有形商品租借和出租（未在别处分类）	相互依存	20.0%
77.22	录像带和光盘租赁	相互依存	20.0%
77.29	其他个人家庭用品租赁	相互依存	20.0%
32.11	硬币铸造	部分版权产业	33.5%
32.12	珠宝和相关物品制造	部分版权产业	33.5%
32.40	游戏和玩具制造	部分版权产业	41.0%
91.02	博物馆活动	部分版权产业	46.0%
91.03	历史遗址建筑及类似旅游景区运营	部分版权产业	50.0%
94.99	其他会员组织活动（未在别处分类）	部分版权产业	50.0%

6.5 地理标志密集型产业

用于识别地理标志密集型产业的方法，在一定程度上类似于识别版权密集型产业的 WIPO 方法。来源丁欧盟委员会农业总局的数据表明，核心地理标志密集型产业是：

表 6-6 2011~2013 年平均地理标志产业

欧盟经济活动统计分类代码	欧盟经济活动统计分类对应的具体产业	总体就业量
10.51	奶制品和奶酪的制作	322 933
11.01	白酒蒸馏、精馏及调和	54 400
11.02	葡萄酒生产（包括01.21 葡萄种植的一部分）	104 667
11.05	啤酒生产	122 667

与被视为版权密集型的产业类似，上述产业负责带有地埋标志商品的生产，而不是批发或零售。所有这4个地理标志密集型产业都属于制造业（第二产业）。第一产业01.21 葡萄种植的一部分也包括在内。

表6-6 还列出欧盟层面的总体就业量来显示每个产业的总体规模。然而，正如上文所述，由于地理标志的特殊性质，该就业量中只有一部分被定义为地理标志密集型产业的就业量。

6.6　植物品种权密集型产业

如第5.8节所述那样确认的植物种类权利密集型产业的最终名单如表6-7所示。

表6-7　植物品种权密集型产业*

欧盟经济活动统计分类代码	欧盟经济活动统计分类对应的具体产业	植物品种权/1000个工作人员
00.00	园艺	不适用
46.11	农业原材料、活体动物、纺织原材料和半成品销售代理	2.37
46.21	粮食、未加工烟草、种子和动物饲料批发	2.22
46.22	花卉批发	4.51
72.11	生物技术研究与实验开发	6.20
77.40	知识产权及类似产品租赁（受版权保护作品除外）	29.03

* 基于2004~2008年提交并在之后授予的注册申请。

6.7　所有知识产权密集型产业

从结果中可以看出，许多产业属于多类知识产权密集型产业。例如，06.10原油开采既是商标密集型也是专利密集型的，而10.32果汁和蔬菜汁生产既是商标密集型也是设计密集型的。有些产业，例如，10.83茶叶和咖啡加工，同时是商标、设计和专利密集型的。大多数的版权密集型产业也是商标密集型产业，所有4个地理标志密集型产业也是商标密集型产业。附录10中的表10-1，对前面的章节进行了总结，列出了所有342个知识产权密集型产业，并标示了每个产业密集使用的知识产权种类。重叠情况如表6-8所示。

表6-8　知识产权重叠使用情况

知识产权	知识产权密集型产业数
商标	62
专利	15
设计	11
版权	28
植物品种权	1
商标＋植物品种权	3
商标＋专利＋版权	4
商标＋专利	33
商标＋地理标志	3
商标、设计、专利及植物品种权	2

续表

知识产权	知识产权密集型产业数
商标、设计、专利、版权	9
商标，设计，专利	69
商标，设计，地理标志	1
商标，设计，版权	8
商标 + 设计	56
商标 + 版权	27
专利 + 版权	1
设计 + 专利	7
设计 + 版权	2

商标被大多数产业使用（342 个产业中的 277 个都使用商标）。专利往往在制造业中使用得更为密集。69 个产业同时是专利、商标和设计密集型产业。其他重大重叠出现在商标和设计之间（56 个产业）、商标和专利之间（33 个产业）以及商标和版权（27 个产业）。

相反，一些产业只密集使用一种知识产权。因此，62 个产业仅为商标密集型，15 个产业仅为专利密集型，11 个产业仅为设计密集型，28 个产业仅为版权密集型。四个地理标志密集产业中，有三个业密集地使用商标，其中一个产业也是设计密集型产业。一个产业是排他性植物品种权密集型产业。

值得进一步观察的，是那些仅为单类知识产权密集型的产业，因为这些产业可以反映特定类型知识产权的贡献，而不是总体知识产权的贡献。广义上讲，62 个纯粹商标密集型产业，与全部 215 个商标密集型产业中重合密集型产业，并无显著不同。

15 个纯粹专利密集型产业集中在制造业、能源和技术服务业。这些产业包括 06.20（天然气开采）、27.11（电动机，发电机和变压器制造）和 71.20（技术测试和分析）。这些产业的共同点是销售产品和服务给其他产业，而不是给最终消费者。

11 个纯粹设计密集型产业都集中在制造业和服务业，包括 31.02 厨房家具制造、47.59 家具零售和 47.77 手表零售总体而言，这些产业销售产品和服务给企业和消费者。

服务领域有 28 个产业属于排他性版权密集型产业，只有两个产业例外，属于与印刷相关的制造业。这些产业中，有二十个产业属于核心版权产业。

为了避免重复计算，在第 7 章量化产业对就业和增加值的贡献时，也考虑了一些产业同时为多类知识产权密集型的情况。

7. 知识产权密集型产业对欧盟经济的贡献

7.1 对欧盟层面就业、国内生产总值和贸易的贡献

前一章介绍了如何识别密集使用知识产权的产业。为了计算这些产业对整体欧盟经济及单个成员国经济在就业、国内生产总值和对外贸易方面的贡献，我们将知识产权密集型产业名单与欧盟统计局数据，以及在必要时与其他欧盟或国家来源统计数据结合起来进行分析。❶

7.1.1 就业

总体上，欧盟的总就业人口约为 2 亿 1600 万人。❷ 这些就业人口的大部分，亦即 5280 万人，主要从事欧盟经济活动统计分类分类的 O－Q 类工作（公共管理、防务、教育、人类卫生和社会工作活动）以及主要由公共部门提供的服务。❸

图 7－1 显示了六类知识产权密集型产业占欧盟就业量的份额。

表 7－1　2011～2013 年知识产权密集型产业对就业的直接和间接贡献的平均值

知识产权密集型产业	就业（直接）	总就业占比（直接）	就业（间接＋间接）	总就业份额（直接＋间接）
商标密集型	45 789 224	21.2%	65 486 334	30.3%
设计密集型	25 662 683	11.9%	38 673 508	17.9%
专利密集型	22 268 215	10.3%	36 021 154	16.7%
版权密集型	11 630 753	5.4%	15 240 509	7.1%
地理标志密集型	不适用	不适用	399 815	0.2%

---

❶ 具体地，如第 5.7 节和第 5.8 节所述，如果是地理标志，大量使用欧盟农业和农村发展总司发布的农业统计数据；如果是植物品种权，则大量使用欧盟植物品种局提供的数据。此外，在研究版权时，还使用一些国家统计局的数据对欧盟统计局的数据进行补充。

❷ 欧盟统计局和其他统计机构对"就业"的定义如下：就业人员是指，年满 15 岁及其以上（特殊国家除外），在被统计期间为了维持生计、挣钱或者是家庭收入而进行工作（哪怕一周工作一个小时），抑或他们有工作或者事业，但是由于疾病、假期、工业纠纷或者教育和培训而在被统计期间暂停工作的人员。

❸ 如果计算排除非市场活动，则就业和国内生产总值份额将比本报告中所示就业和国内生产总值份额高出许多。尽管如此，我们认为避免错误并以全部就业和国内生产总值为基础进行计算比较可取。

续表

知识产权密集型产业	就业 （直接）	总就业占比 （直接）	就业 （间接+间接）	总就业份额 （直接+间接）
植物品种权密集型	1 018 754	0.5%	1 220 410	0.6%
所有知识产权密集型	60 032 200	27.8%	82 214 925	38.1%
欧盟总就业人数			215 808 033	

注：由于存在知识产权重叠使用的情况，因此单个知识产权的数量总和会超过知识产权密集型产业的总数。

因此，在欧盟，知识产权密集型产业提供 6000 万个工作岗位或者占总就业数的 28%。这些工作岗位中，有 21% 来自于商标密集型产业，12% 来自于设计密集型产业以及 10% 来自于专利密集型产业，而版权密集型产业、植物品种密集型产业及地理标志密集型产业提供的工作岗位比例较低。

如上所述，许多产业都是多类知识产权重合密集型产业。因此，为避免重复计算，所有知识产权密集型产业的总体就业量，少于各类知识产权密集型产业就业量的总和。换句话说，为了计算所有知识产权密集型产业的就业量，每个产业只计算一次，即使该产业密集使用了多类知识产权。

7.1.2　间接就业

除了上述的直接就业，知识产权密集型产业也为向其提供商品和服务的非知识产权密集型产业创造了就业机会。为计算这种对非知识产权密集型产业就业的间接影响，我们使用了欧盟统计局公布的欧盟 28 国投入产出表。这些表在"类"级（欧盟经济活动统计分类 2 级位）层面上提供了 65 个产业的信息。❶

为了计算间接就业，知识产权密集型产业被汇总到投入产出框架内的 65 个欧盟经济活动统计分类"大类"级产业中。在这 65 个类中，有一些类是完全知识产权密集型产业，即这些类下的所有 4 位级产业（小组）都是知识产权密集型的。例如，"化学品及化工产品"类下所有 16 个小组都是商标密集型产业，"橡胶和塑料产品"类下所有 6 个小组都是专利密集型产业。然而，其他的类则同时含有知识产权密集型和非知识产权密集型产业，仅为部分知识产权密集型产业。对于这些"部分知识产权密集型"

---

❶ 提供的信息包括供应和使用表以及对称投入产出表（symmetric Input – Output tables）（国内及全球）。本报告中，"国内"是指欧盟内部供应关系。

的类，可以获取类的总体就业量及该类中知识产权密集型产业就业份额的信息。相应地，对投入产出表中的每个类，都计算出一个"密度系数"，对应于每个类中知识产权密集型产业的就业份额。然后这些系数用于调节投入产出框架内上游产业的就业水平，以确保间接就业真正对应于源自知识产权密集型产业的需求。例如，如果 A 类是 40% 知识产权密集型的（即密度系数为 40%），则 A 类从 B 类购买额的 40% 也被认为是知识产权密集型的，那么 B 类中支持对 A 类销售活动就业量的 40%，被视为 A 类作为知识产权密集型产业的间接贡献。

就业数据是从欧洲统计局发布的《国家核算》中获取的。❶ 对于每种知识产权（除第 5.7 节中所述其数据已包括间接就业的地理标志外），仅计算非知识产权密集型产业中间接就业影响情况，以避免在知识产权密集型产业中重复计算间接就业。

分析表明，除了知识产权密集型产业本身创造的 6 千万个就业岗位，向该类产业提供商品和服务的非知识产权密集型产业，创造了欧盟经济中另外 2000 万个就业岗位，参见表 7 - 2。如果将这些另外的就业岗位考虑在内那么共有 82 200 000 万个就业岗位，或者说欧盟总体就业量的 38% 以上，是由知识产权密集型产业直接或间接贡献的。

表 7 - 2　2011 ~ 2013 年期间知识产权密集型产业的直接和间接就业情况

知识产权密集型产业	就业（直接）	就业（间接）	就业（直接 + 间接）
商标密集型	45 789 224	19 697 110	65 486 334
设计密集型	25 662 683	13 010 825	38 673 508
专利密集型	22 268 215	13 752 939	36 021 154
版权密集型型	11 630 753	3 609 756	15 240 509
地理标志密集型	不适用	不适用	399 815
植物品种权密集型	1 018 754	201 656	1 220 410
所有知识产权密集型	60 032 200	22 182 725	82 214 925

注：由于存在知识产权重叠使用的情况，因此单个知识产权的数量总和会超过知识产权密集型产业的总数。

7.1.3　国内生产总值

国内生产总值（GDP）是指一定时间内某一特定区域生产的商品和服

---

❶ 为了计算知识产权密集型产业的间接就业情况，在国内对称投入产出表的基础上，计算列昂惕夫逆矩阵（Leontief matrix），确保仅包括欧盟境内创造的就业。

务总值。国内生产总值是经济活动最常用的衡量标准。国内生产总值在一个国家（或欧盟）的国民经济核算中，通过将各产业生产的增加值累加而计算出来，包括具体产品的税收，但不包括具体产品的补贴。增加值等于产业的销售额减去从其他产业采购的商品和服务。将整个经济中的这些数量加起来，产业间的采购互相抵消，剩下来的就是经济的总体增加值或国内生产总值。2011～2013 年期间整个欧盟的国内生产总值总量约为13.4 万亿欧元。

估算知识产权密集型产业占国内生产总值的比重从以下两方面数据开始，一方面是欧盟统计局结构性商业统计数据库中欧盟经济活动统计分类4 位级（小组）产业的增加值数据，另一方面是国民经济核算中的总体国内生产总值数据。不过，在产业部门数据能与总体经济范围数据进行比较之前，需要对产业数据进行调整，以确保在计算知识产权密集型产业在经济中的比重时，分子与分母（即总体国内生产总值）的数据性质保持一致。

结构性商业统计中的产业增加值按要素成本定义，不包括与生产有关的税金。另一方面，国内生产总值是经济中所有产业按基础价格计算的总增加值（GVA）加上税金并减去产品补贴的值。要素成本和基础价格的区别在于，各产业的后者包含其他税金减生产补贴。

因此，为了获得基于国内生产总值的同性质比率，结构性商业统计的数据必须进行转换，以便与国内生产总值的定义一致。否则，不以相同的方式定义分子和分母，会导致产业部门国内生产总值占国内生产总值总量的比例被低估。为了实现一致性，结构性商业统计的数据作如下调整。

首先，将一个因子应用于从结构性商业统计获得的每个知识产权密集型产业的增加值。对于国民经济核算中的 65 个产业（欧盟经济活动统计分类"大类"），每个产业都计算出这个因子，该因子即为结构性商业统计中按要素成本计算的增加值和国民经济核算中按基础价格计算的每个产业的 GVA 之间的比率。每个"类"中的所有"小组"都除以这个相同的因子。

其次，将整个经济国内生产总值和 GVA 之间的比率，运用于经过第一步调整后得出的每个增加值数字。

因此产生的调整后的产业增加值数字与国内生产总值兼容。知识产权密集型产业对欧盟经济的贡献情况详见表 7－3。❶ 欧盟总经济产出中，

---

❶ 与就业数值情况相同，增加值/国内生产总值数值为 2011～2013 年的平均数。

42%以上是知识产权密集型产业创造的。商标密集型产业的经济贡献率为36%；设计密集型产业和专利密集型产业的经济贡献率分别为 13% 和15%；而版权密集型产业、植物品种密集型产业和地理标志密集型产业的经济贡献率较低。正如前一节所述的对就业方面的计算，为了计算知识产权密集型产业对国内生产总值的总贡献，每个产业只计算一次，即使该产业密集使用了一类以上的知识产权。

表 7-3 2011～2013 年知识产权密集型产业平均经济贡献情况

知识产权密集型产业	增加值（国内生产总值）（百万欧元）	占欧洲国内生产总值总量的份额
商标密集型	4 812 310	35.9%
设计密集型	1 788 811	13.4%
专利密集型	2 035 478	15.2%
版权密集型	914 612	6.8%
地理标志密集型	18 109	0.1%
植物品种权密集型	51 710	0.4%
所有知识产权密集型	5 664 168	42.3%
欧盟总国内生产总值	13 387 988	

注：由于存在知识产权重叠使用的情况，因此单个知识产权的数量总和会超过知识产权密集型产业的总数。

值得注意的是，知识产权密集型产业占国内生产总值的份额，明显高于该类产业占就业量的份额，这最有可能反映出该类产业产出的增加值更高。这种差异在商标密集型产业表现尤其明显，该产业占就业量的 21%，却占国内生产总值的 36%，设计、专利和版权密集型产业也有类似的差异情况，如 7.1.5 小节所述，该差异情况还反映在知识产权密集型产业员工的工资上。

7.1.4 商标

知识产权密集型产业作出贡献的第三大经济变量，是欧盟的对外贸易。事实上，绝大部分的欧盟进口和出口都是知识产权密集型产业贡献的。

表 7-4 欧盟知识产权密集型产业对外贸易情况与就业和国内生产总值数字的情况相同，六类知识产权产业的贸易数字之总和，超过知识产权密集型产业的总体数字，欧盟贸易的主体份额来自知识产权密集型产业。知识产权密集型产业占欧盟进口份额如此之高，乍一看可能有点令人惊

讶。这是因为即使是生产诸如能源这样的商品的产业也是知识产权密集型产业，❶ 同时许多非知识产权密集型活动也不可交易。因此，欧盟进口的86%由知识产权密集型产业的产品构成。然而，知识产权密集型产业占欧盟出口的份额更高，达到93%。

表 7-4　欧盟知识产权密集型产业对外贸易情况

知识产权密集型产业	出口（百万欧元）	进口（百万欧元）	净出口额（百万欧元）
商标密集型	1 275 472	1 261 002	14 470
设计密集型	945 084	701 752	243 332
专利密集型	1 231 966	1 157 909	74 057
版权密集型型	119 554	102 389	17 165
地理标志密集型	11 588	1335	11 588
植物品种权密集型	5065	5369	-304
欧盟贸易总额	1 723 077	1 765 147	-42 069
非知识产权密集型	117 561	256 047	-138 487
所有知识产权密集型	1 605 516	1 509 099	96 417

注：由于存在知识产权重叠使用的情况，因此单个知识产权的数量总和会超过知识产权密集型产业的总数。

欧盟整体上贸易逆差约为 420 亿欧元，占国内生产总值的 0.3%。相反，在知识产权密集型产业方面，欧盟同世界其他地区的贸易顺差为 960 亿欧元。如 2013 年研究所报告，这种情况在三年前得到显著改善。2010 年，欧盟知识产权密集型产业的贸易逆差为 1260 亿欧元。

从单个知识产权来看，欧盟在各个知识产权密集型产业出现贸易顺差，而只有植物品种权密集型产业例外，出现小幅贸易逆差。

表 7-5 和表 7-6 显示了参与对外贸易的前 10 位知识产权密集型产业。这十大知识产权密集型出口产业占知识产权密集型出口额的 41.4%，占欧盟总出口额的 38.6%。并重点集中在制造业，尤其是制药和各类先进技术产业领域。

与 2010 年相比，2013 年的知识产权密集型产业的出口额增加 30%。这种改善涉及面广。例如，汽车制造业出口增长了 44%，从 996 亿欧元增加到 1439 亿欧元。

十大出口产业占到知识产权密集型产业出口的 50% 及欧盟全部出口额的 43%。能源相关出口（06.10、19.20 及 06.20 产业）占知识产权密

---

❶　包含在欧盟经济活动统计分类第 6 类中的两个行业——原油和天然气提取，都是专利密集型。

集型产业出口一半以上。❶

表 7-5　2013 年十大知识密集型出口产业

级别	欧盟经济活动统计分类代码	欧盟经济活动统计分类说明	出口（百万欧元）	占知识产权密集型产业出口总额的份额	密集型知识产权
1	29.10	汽车制造	143 898	9%	商标，设计，专利
2	21.20	医药制剂生产	100 542	6%	商标，专利
3	19.20	精炼石油产品制造	98 108	6%	商标
4	30.30	航空航天器及相关机械制造	82 809	5%	专利
5	24.41	贵金属生产	75 085	5%	商标，专利
6	29.32	机动车辆其他零件及配件制造	39 496	2%	设计，专利
7	26.51	测量、检验及导航仪器和设备制造	36 136	2%	商标，设计，专利
8	20.14	其他有机基础化学品制造	35 306	2%	商标，专利
9	32.50	医疗和牙科器械和用品制造	26 895	2%	商标，设计，专利
10	28.29	其他通用机械制造业（未在别处分类）	26 137	2%	商标，设计，专利
前 10			66 4413	41%	
所有知识产权密集型			1 605 516	100%	

表 7-6　2013 年十大知识产权密集型进口产业

级别	欧盟经济活动统计分类代码	欧盟经济活动统计分类说明	进口（百万欧元）	占知识产权密集型产业进口总额的份额	密集型知识产权
1	06.10	原油开采	302 653	20%	商标，专利
2	19.20*	精炼石油产品制造	93 328	6%	商标，设计，专利
3	26.20	计算机及外围设备制造	65 297	4%	商标，专利
4	26.30	通信设备制造	57 348	4%	商标，设计，专利
5	06.20	天然气开采	55 816	4%	专利
6	30.30*	航空航天器及相关机械制造	48 713	3%	专利
7	21.20*	医药制剂生产	46 076	3%	商标，设计，专利
8	20.14*	其他有机基础化学品制造	33 045	2%	商标，专利
9	29.10*	汽车制造	30 021	2%	商标，设计，专利
10	14.13	其他外衣生产	27 000	2%	商标，专利
前 10			759 297	50%	
所有知识产权密集型			1 509 099	100%	

＊前十大知识产权密集型出口产业。

---

❶ 如果计算时排除这三个能源产业，则计算结果是欧盟在知识产权密集型领域将出现 4500 亿欧元的贸易顺差。

值得注意的是，在十大知识产权密集型进口产业中，有 5 个也跻身十大知识产权密集型出口产业。鉴于欧盟的主要贸易伙伴是其他发达经济体（或新兴经济体，如中国，其贸易主体为制造业产品），这符合国际贸易研究中的一般发现，即很大一部分的贸易都存在于同类商品的双向流动。

7.1.5　工资

如上所述，经济中 42% 的国内生产总值（增加值）和 28% 的就业由知识产权密集型产业创造。这表明，知识产权密集型产业每名员工的增加值，要高于经济中的其余产业。因此，我们也需要研究，这个较高的增加值是否也体现在知识产权密集型产业的相对薪酬中。

使用欧盟统计局结构性商业统计数据，可以计算出每个产业支付给工人的平均薪酬。❶ 在结构性商业统计中，人员成本被定义为现金或其他形式的总报酬，由雇主支付给员工作为员工在单位期限内工作的回报。人员成本主要包括工资、薪金和强制性和自愿性员工社会保障缴费。平均人员成本（或单位劳动成本）等于人员成本除以人员数量（有工资并签订就业合同的人员）。这就是本报告中采用的"工资"定义。

欧盟统计局结构性商业统计数据库中可以获得 2013 年大多数产业数据。结构性商业统计提供大多数产业 2010 年的数据。然而，其中 9 个知识产权密集型产业的最新数据仅截至 2012 年而另外 7 个产业的最新数据则截至 2011 年。此外，另外 17 个产业则根本没有人员成本数据。❷ 这些产业已经从本研究中剔除。

如表 7-7 所示，知识产权密集型产业的薪金实际上高于非知识产权密集型产业的薪金。前者的平均每周工资为 776 欧元，后者则为 530 欧元——相差 46%。地理标志产业密集型产业的"工资溢价"为 31%；设计密集型产业为 38%；商标密集型产业为 48%；版权密集型产业为 64%；专利密集型产业为 69%。各种情况下，工资溢价都比 2010 年的高，整个工资溢价达到 41%。

---

❶ 因为欧盟统计局结构性商业统计数据库没有主要公共领域产业的就业和报酬数据，因此本分节的分析仅限于私营领域产业。

❷ 没有人员成本数据的产业包括，68.10：自有房地产的买卖；82.19：影印、文件编制及其他专业化办公配套活动；85.52：文化教育；90.01：表演艺术；90.02：表演艺术配套活动；90.03：艺术创作；90.04：艺术设施经营；91.01：图书馆及档案活动；91.02：博物馆活动；91.03：历史遗址、建筑物及类似景点经营；92.00：博彩活动；93.00：体育活动及游乐休闲活动；93.21：游乐园及主题公园活动；93.29：其他游乐休闲活动等；94.12：专业会员组织活动；94.99：其他会员组织活动等；以及 95.24：家具和家饰修理。

表7－7　2013年知识产权密集型产业平均人工成本

知识产权密集型产业	平均人员成本（欧元/周）	溢价（相比非IP密集型产业）
商标密集型	783	48%
设计密集型	732	38%
专利密集型	895	69%
版权密集型	871	64%
地理标志密集型	692	31%
植物品种权密集型*	不适用	不适用
所有知识产权密集型	776	46%
非知识产权密集型	530	
所有欧盟产业（包括在结构性商业统计中的产业）	629	

*因缺少农业薪资统计数据，未计算。

7.2　欧盟层面的主要知识产权密集型产业

到目前为止，本章着重按知识产权类别或在总体上，对知识产权密集型产业的贡献进行了分析。在本小节，我们将该类产业对就业和国内生产总值的贡献按产业进行细分。表7－8列出了就业贡献最大的前20个知识产权密集型产业。

表7－8　2011～2013年平均就业贡献最大的前20个知识产权密集型产业

欧盟经济活动统计分类代码	欧盟经济活动统计分类对应的具体产业	就业	知识产权密集型
71.12	工程活动及相关技术咨询	1 974 400	专利，版权
66.00	金融服务及保险活动辅助活动	1 618 540	商标
70.22	商业及其他管理咨询活动	1 515 600	商标
68.20	自有或租入房地产租赁及运营	1 483 267	商标
93.00	体育活动和娱乐休闲活动，不包括9329——其他娱乐和休闲活动	1 444 035	商标
62.01	计算机编程活动	1 121 500	商标，版权
62.02	计算机咨询活动	1 110 133	商标，版权
47.19	其他非专卖店零售	1 077 133	商标
29.10	汽车制造	1 032 400	商标，设计，专利
29.32	机动车辆其他零件及配件制造	884 567	设计，专利
46.69	其他机械和设备批发	855 933	商标，设计，专利
73.11	广告代理	804 833	商标，设计，版权
47.59	专门店家具、照明设备和其他家居用品零售	795 333	设计，版权

欧盟经济活动统计分类代码	欧盟经济活动统计分类对应的具体产业	就业	知识产权密集型
46.90	非专业化批发贸易	669 600	商标，设计
31.09	其他家具生产	652 633	设计
00.00	园艺	637 188	商标 + 植物品种权
46.46	医药品批发	620 167	商标，专利
18.12	其他印刷	574 167	商标，专利
14.13	其他外衣生产	569 067	商标，设计
22.29	其他塑料产品制造	548 367	商标，设计，专利
前20		19 998 863	

这 20 个产业的就业量近 2000 万人，占本报告识别的 342 个知识产权密集型产业就业总量的 33%。这份名单中，专利密集型和商标密集型产业占主导地位，设计密集型产业也发挥了重要作用：前 20 个产业当中有 9 个是设计密集型的，其中 21 个是单一设计密集型的。

表 7-9 列出了按国内生产总值贡献排名的前 20 个知识产权密集型产业。

表 7-9   2011~2013 年平均国内生产总值前 20 个知识产权密集型产业

欧盟经济活动统计分类代码	欧盟经济活动统计分类对应的具体产业	增加值（百万欧元，调整成国内生产总值）	知识产权密集型
68.20	自有或租入房地产租赁及运营	1 356 345	商标
71.12	工程活动及相关技术咨询	132 027	专利
70.22	商业及其他管理咨询活动	128 162	商标
29.10	汽车制造	123 254	商标，设计，专利
66.00	金融服务及保险活动辅助活动	106 019	商标
21.20	医药制剂生产	100 880	商标，专利
62.02	计算机咨询活动	98 080	商标，版权
62.01	计算机编程活动	97 333	商标，版权
61.10	有线通信活动	93 608	版权
72.19	自然科学和工程学的其他研究与实验开发	88 084	商标，设计，专利
46.69	其他机械和设备批发	68 662	商标，设计，专利
46.46	医药品批发	65 256	商标，设计
29.32	机动车辆其他零件及配件制造	58 284	设计，专利
61.20	无线通信活动	56 383	商标 + 专利 + 版权

续表

欧盟经济活动统计分类代码	欧盟经济活动统计分类对应的具体产业	增加值（百万欧元，调整成国内生产总值）	知识产权密集型
93.00	体育活动和娱乐休闲活动，不包括9329——其他娱乐和休闲活动	52 878	商标
06.10	原油开采	45 805	商标，专利
61.90	其他通信活动	44 600	商标，设计，专利，版权
41.10	建设项目开发	43 593	商标
26.51	测量、检验及导航仪器和设备制造	41 399	商标，设计及专利
30.30	航空航天器及相关机械制造	40 214	葡萄牙
前20		2 840 867	

总体上，这20个产业占342个知识产权密集型产业创造的国内生产总值总量的50%。[1] 两个前20强榜单之间出现大量重叠现象，其中11个产业同时出现在两个榜单上。尽管如此，有些产业，比如61.20：无线电信活动，创造了相对于就业较高的增加值，因而出现在国内生产总值二十强榜单上，但是没有出现在就业二十强榜单和其他榜单上，再比如，73.11：广告机构，出现在就业二十强榜单，但没有出现在国内生产总值二十强榜单上。

7.2.1 知识产权的重合使用

正如6.6节所述，在各种知识产权的使用方面存在高度的重合。表7-10按产业显示了知识产权的重合使用情况，但增加了各个产业群创造的就业量。

表7-10 知识产权的重叠使用：2011~2013年平均就业

知识产权	知识产权密集型产业数	就业	从业比例
商标	62	14 502 310	24.2%
商标+设计+专利	69	10 500 167	17.5%
商标+设计	56	7 279 917	12.1%

---

[1] 这个份额很高，部分原因在于排名第一的产业欧盟经济活动统计分类68.20自有或租入房地产租赁和经营包括7928亿欧元的业主自有房屋的估算租金。这符合欧洲统计局和其他统计局应用的国家会计标准。如果没有这笔估算租金，前20产业（相对于所有知识产权密集型产业）占国内生产总值的份额将与占就业量份额相近，即36%。因为估算租金包含在国民经济核算里的总体国内生产总值数据中，所以我们决定保留估算租金，以确保在计算国内生产总值份额时分子和分母之间的兼容性。

知识产权	知识产权密集型产业数	就业	从业比例
商标 + 版权	27	5 508 298	9.2%
专利	15	4 495 349	7.5%
版权	28	4 246 340	7.1%
商标 + 专利	33	3 694 900	6.2%
设计	11	2 939 167	4.9%
设计 + 专利	7	1 803 200	3.0%
商标 + 设计 + 版权	8	1 614 600	2.7%
商标 + 设计 + 专利	9	1 294 567	2.2%
商标 + 植物品种权	1	637 188	1.1%
商标 + 地理标志	3	550 267	0.9%
商标 + 专利 + 版权	4	408 233	0.7%
商标 + 植物品种权	3	318 200	0.5%
商标 + 版权	2	113 300	0.2%
商标 + 设计 + 专利 + 植物品种权	2	63 367	0.1%
商标 + 设计 + 地理标志	1	54 400	0.1%
专利 + 版权	1	8433	0.0%
所有知识产权	342	60 032 200	100.0%

62 个纯粹商标密集型产业占就业量的比重最大，其次是同时使用三类知识工业产权的 69 个产业和使用商标和设计的 56 个产业 15 个排他性专利密集型产业占到就业量的 8%；28 个排他性版权密集型产业占到 7%；而 11 个纯粹设计密集型产业占 5%。

7.3 第一产业、第二产业及第三产业

将产业按第一、第二和第三产业的传统经济分类进行分组，对于审视分析结果很有意义。在传统分类中，第一产业包括农业和采掘业（欧盟经济活动统计分类的 A 类和 B 类），第二产业包括制造业（欧盟经济活动统计分类的 C - F 类），而第三产业包括服务业（欧盟经济活动统计分类的 G - U 类）。我们将产业以这种方式分组，可从另一角度理解知识产权密集型产业对经济的贡献。

表 7 - 11 显示了按三次产业分类的知识产权密集型产业的就业、国内生产总值和对外贸易情况。

在知识产权密集型产业中，第一产业的就业贡献率最小，大约有 90万人就业量。第二产业贡献了知识产权密集型产业共计 6000 万人中的

2400万人就业量，而第三产业贡献了剩下的3500万人就业量。第三产业对国内生产总值的贡献率特别高，这反映了一个广为人知的事实，即服务业约占现代经济的2/3。

表7-11 知识产权密集型产业的就业、国内生产总值和对外贸易

（根据2013年平均值，按照三次产业分类）

部门	就业	国内生产总值 （百万欧元）	出口 （百万欧元）	进口 （百万欧元）	净出口 （百万欧元）
第一产业	893 770	100 746	27 648	389 120	-361 472
知识产权密集型产业比例（%）	8.1%	29.9%	54.0%	83.8%	
第二产业	23 731 083	1 784 338	1 496 257	1 080 174	416 083
知识产权密集型产业比例（%）	48.5%	54.3%	92.9%	93.2%	
第三产业	35 407 347	3 779 083	81 612	39 805	41 806
知识产权密集型产业比例（%）	22.8%	38.8%	99.9%	99.9%	
总计	60 032 200	5 664 168	1 605 516	1 509 099	96 417
知识产权密集型产业比例（%）	27.8%	42.3%	93.2%	85.5%	

表中凸显的主要贸易格局是，欧盟是一个第一产业产品（主要是石油和天然气）净进口大国。由此产生的第一产业贸易逆差3610亿欧元，部分被知识产权密集型制造业（第二产业）产品的大额贸易顺差所抵消，该顺差达4160亿欧元。由于许多服务是不可交易的，进口和出口主要由第一和第二产业的产品构成。然而，欧盟在知识产权密集型服务业领域还有150亿欧元的小幅贸易顺差。然而，欧盟在知识产权密集型服务业领域还有420亿欧元的小幅贸易顺差。

7.4 按成员国进行的分析

本节介绍知识产权密集型产业对各成员国就业和国内生产总值的贡献。这种分析颇具挑战性，因为在成员国层面可获取的数据比在欧盟层面更为有限。因此，分析需要更多的评估和推算，所以本节中的一些结果与7.1节和7.2节相比可能会更为逊色。7.2节同样需要重申的是，知识产权密集型产业的识别是在欧盟层面进行的，而不是在个别成员国层面。如前文所述，本项研究的假设是，如果一个产业在一个成员国是知识产权密集型的，那么该产业在每个其他的成员国也是知识产权密集型的，因为知识产权密集度被认为是每个产业的固有特性。本节所示结果的准确性依赖于该假设的有效性。

每个产业对成员国经济的贡献，是按该产业在该国产生的就业和国内生产总值来衡量的。例如，如果成员国 A 的一家汽车公司在成员国 B 建立一个组装厂，则因此创造的就业量和增加值就归于 B 国的经济。换言之，对知识产权密集度的估量与知识产权的来源地无关，只与知识产权的实施地有关。因此，不能根据本项研究而得出结论：如果 A 国专利密集型产业对就业和增加值的贡献比 B 国大，那么 A 国就更具创新性。专利密集型产业对 A 国就业或国内生产总值的贡献更大，也可能是因为在 C 国做出的有关生产选址的决定。知识产权来源的问题及其与经济福利的关系是第 8 章的主题，也是潜在的有待进一步研究的领域。

7.4.1 专利密集型产业

在欧盟，如表 7 – 12 所示，专利密集型产业贡献 10.3% 的就业及 15.2% 的国内生产总值。奥地利、捷克共和国、丹麦、芬兰、德国、匈牙利、意大利、卢森堡、斯洛伐克、斯洛文尼亚及瑞典的专利密集型产业创造了高就业率。然而，在衡量对增加值的贡献时，研究发现专利密集型产业在爱尔兰也非常重要。欧盟几个最大的经济体中，德国的专利密集型产业对就业和国内生产总值的贡献率最高，反映制造业（在专利密集型产业当中占主导地位）占德国经济的很高份额。在 2004 年和 2007 年加入欧盟的几个成员国中，专利密集型产业占就业和国内生产总值的比重很高，这也与制造业在这些国家的经济中占有较高份额有关。

表 7 – 12　2011 ~ 2013 年各成员国专利密集型产业占国内生产总值和就业量份额

国家	增加值（百万欧元）	占国内生产总值比例	就业	总就业比重
奥地利	52 949	16.7%	466 071	11.4%
比利时	50 595	13.1%	392 022	8.7%
保加利亚	5976	14.4%	265 715	9.0%
塞浦路斯	682	3.6%	14 544	3.8%
捷克	35 839	22.3%	894 103	18.2%
丹麦	599 040	21.7%	5 913 744	15.1%
希腊	43 672	17.4%	339 870	12.6%
爱沙尼亚	2145	12.0%	49 119	8.0%
萨尔瓦多（EL）	13 400	6.9%	257 777	6.9%
西班牙	113 999	10.9%	1 313 957	7.4%
芬兰	32 663	16.3%	269 966	10.9%
法国	247 555	11.9%	2 403 319	9.3%
克罗地亚	5829	13.2%	126 300	8.0%
匈牙利	20 597	20.5%	473 042	12.4%

国家	增加值（百万欧元）	占国内生产总值比例	就业	总就业比重
爱尔兰	41 011	23.3%	143 435	7.7%
意大利	213 524	13.2%	2 440 858	10.9%
立陶宛	4271	12.9%	83 432	6.5%
卢森堡	4853	11.0%	30 053	12.9%
拉脱维亚	1845	8.5%	45 343	5.2%
马耳他	617	8.5%	12 611	7.4%
荷兰	95 840	14.8%	649 913	7.8%
波兰	53 828	13.9%	1 288 177	8.3%
葡萄牙	16 308	9.5%	297 802	6.5%
罗马尼亚	19 874	14.5%	620 250	7.2%
瑞典	74 656	17.7%	598 025	12.8%
斯洛文尼亚	7151	19.7%	133 726	14.5%
斯洛伐克	12 084	16.7%	296 717	12.8%
英国	264 677	13.3%	2 448 328	8.3%
欧盟 28 国总计	2 035 478	15.2%	22 268 215	10.3%

7.4.2　商标密集型产业

在整个欧盟，商标密集型产业贡献了就业的 21.2% 和国内生产总值的 35.9%，见表 7-13。商标密集型产业就业超过平均份额的国家包括捷克共和国、丹麦、德国、匈牙利、意大利、卢森堡、斯洛伐克、斯洛文尼亚、瑞典和英国。保加利亚、捷克共和国、丹麦、德国、希腊、芬兰、克罗地亚、匈牙利、爱尔兰、意大利、卢森堡、罗马尼亚、斯洛伐克及英国的商标密集型产业的国内生产总值份额超过平均水平。

表 7-13　2011~2013 年各成员国商标密集型产业的
平均国内生产总值及就业贡献比重

国家	增加值（百万欧元）	占国内生产总值比例	就业	总就业比重
奥地利	106 236	33.6%	850 983	20.9%
比利时	137 227	35.5%	907 066	20.1%
保加利亚	15 999	38.5%	711 721	24.2%
版权	5529	29.1%	65 763	17.2%
捷克	59 496	37.1%	1 273 760	26.0%
丹麦	1 006 193	36.5%	9 345 496	23.9%
希腊	94 125	37.4%	668 967	24.8%
爱沙尼亚	5297	29.6%	129 059	21.0%

国家	增加值（百万欧元）	占国内生产总值比例	就业	总就业比重
萨尔瓦多（EL）	69 554	36.1%	747 835	19.9%
西班牙	363 155	34.6%	3 418 884	19.3%
芬兰	74 711	37.4%	509 984	20.6%
法国	728 877	34.9%	4 618 720	17.9%
克罗地亚	16 047	36.5%	325 149	20.7%
匈牙利	37 852	37.7%	893 017	23.3%
爱尔兰	87 564	49.7%	367 106	19.8%
意大利	610 650	37.7%	5170 576	23.0%
立陶宛	10 821	32.6%	261 693	20.5%
卢森堡	16 982	38.5%	67 346	28.9%
拉脱维亚	5591	25.8%	174 602	19.9%
马耳他	2416	33.3%	35 542	20.8%
荷兰	189 964	29.4%	1 756 390	21.1%
波兰	119 179	30.7%	2 900 206	18.6%
葡萄牙	57 331	33.4%	919 776	20.1%
罗马尼亚	52 955	38.6%	1 337 446	15.6%
瑞典	136 448	32.4%	1 143 296	24.5%
斯洛文尼亚	13 003	35.9%	217 208	23.6%
斯洛伐克	26 785	37.1%	597 278	25.7%
英国	762 325	38.4%	6 374 351	21.5%
欧盟 28 国总计	4 812 310	35.9%	45 789 224	21.2%

7.4.3 外观设计密集型产业

在欧盟，设计密集型产业的就业和国内生产总值贡献率分别为 11.9% 和 13.4%，请参阅表 7-14。奥地利、保加利亚、捷克共和国、丹麦、爱沙尼亚、德国、克罗地亚、匈牙利、意大利、立陶宛、卢森堡、葡萄牙、斯洛伐克、斯洛文尼亚及瑞典的设计密集型产业的就业贡献率都高处欧盟平均水平。国内生产总值贡献率业普遍比较类似。

表 7-14 2011~2013 年各成员国设计密集型产业的
平均国内生产总值及就业贡献比重

国家	增加值（百万欧元）	占国内生产总值比例	就业	总就业比重
奥地利	47 329	15.0%	516 048	12.6%
比利时	41 143	10.6%	439 374	9.7%
保加利亚	4918	11.8%	409 070	13.9%

续表

国家	增加值（百万欧元）	占国内生产总值比例	就业	总就业比重
塞浦路斯	1046	5.5%	29 110	7.6%
捷克	32 584	20.3%	971 038	19.8%
丹麦	511 237	18.5%	5 931 841	15.2%
希腊	28 180	11.2%	332 213	12.3%
爱沙尼亚	2308	12.9%	78 814	12.9%
萨尔瓦多（EL）	15 261	7.9%	362 532	9.7%
西班牙	105 647	10.1%	1 675 250	9.4%
芬兰	26 456	13.2%	259 080	10.5%
法国	212 175	10.2%	2 400 537	9.3%
克罗地亚	4987	11.3%	192 903	12.3%
匈牙利	16 552	16.5%	523 699	13.7%
爱尔兰	19 801	11.2%	144 551	7.8%
意大利	227 812	14.1%	3 294 019	14.7%
立陶宛	4695	14.1%	155 894	12.2%
卢森堡	5680	12.9%	32 113	13.8%
拉脱维亚	2163	10.0%	84 500	9.6%
马耳他	633	8.7%	16 809	9.8%
荷兰	72 264	11.2%	779 456	9.4%
波兰	57 674	14.9%	1 845 389	11.8%
葡萄牙	23 306	13.6%	615 973	13.5%
罗马尼亚	18 432	13.5%	864 941	10.1%
瑞典	60 213	14.3%	597 627	12.8%
斯洛文尼亚	6007	16.6%	144 701	15.7%
斯洛伐克	12 043	16.7%	359 414	15.5%
英国	228 263	11.5%	2 605 787	8.8%
欧盟28国总计	1 788 811	13.4%	25 662 683	11.9%

7.4.4 版权密集型产业

欧盟版权密集型产业的总体就业量是116万人，占就业总量的5.4%，而这些产业贡献了欧盟国内生产总值的6.8%，见表7-15。版权密集型产业的就业贡献率高于平均水平的国家，有瑞典、丹麦、芬兰、荷兰、英国、爱尔兰、爱沙尼亚、德国、马耳他和卢森堡。

爱尔兰、英国、瑞典、芬兰、保加利亚、捷克共和国、丹麦、德国、匈牙利、爱沙尼亚、卢森堡及马耳他版权密集型产业的国内生产总值贡献率都高处欧盟平均水平。

表 7–15　2011～2013 年各成员国版权密集型产业的平均国内生产总值及就业贡献比重

国家	增加值（百万欧元）	占国内生产总值比例	就业	总就业比重
奥地利	17 092	5.4%	217 541	5.3%
比利时	23 315	6.0%	235 539	5.2%
保加利亚	2865	6.9%	141 902	4.8%
塞浦路斯	1067	5.6%	17 798	4.6%
捷克	11 059	6.9%	247 502	5.1%
丹麦	189 069	6.9%	2 345 488	6.0%
希腊	21 013	8.4%	195 363	7.3%
爱沙尼亚	1371	7.7%	36 521	6.0%
萨尔瓦多（EL）	9143	4.7%	189 206	5.0%
西班牙	63 968	6.1%	902 635	5.1%
芬兰	14 532	7.3%	173 287	7.0%
法国	136 525	6.5%	1 388 420	5.4%
克罗地亚	2778	6.3%	75 697	4.8%
匈牙利	7339	7.3%	207 934	5.4%
爱尔兰	19 593	11.1%	115 414	6.2%
意大利	91 888	5.7%	1 077 380	4.8%
立陶宛	1703	5.1%	58 929	4.6%
卢森堡	3561	8.1%	23 950	10.3%
拉脱维亚	1427	6.6%	45 829	5.2%
马耳他	848	11.7%	12 653	7.4%
荷兰	43 728	6.8%	516 120	6.2%
波兰	23 447	6.0%	573 568	3.7%
葡萄牙	8989	5.2%	181 371	4.0%
罗马尼亚	8995	6.6%	266 217	3.1%
瑞典	34 537	8.2%	361 897	7.8%
斯洛文尼亚	2278	6.3%	44 664	4.5%
斯洛伐克	4798	6.6%	101 560	4.4%
英国	167 683	8.4%	1 876 368	6.3%
欧盟 28 国总计	914 612	6.8%	11 630 753	5.4%

7.4.5　地理标志密集型产业

每个成员国的地理标志密集型产业的就业或国内生产总值比重低于 1%，而欧盟地理标志密集型产业的就业和国内生产总值比重分别为

0.2%和0.1%；其中在法国、意大利、西班牙、葡萄牙、德国及英国，四个地理标志密集型产业的就业人数最多，如表7-16所示。尤其是法国，由于拥有最大的葡萄酒产业，因此其地理标志密集型产业的就业差不多占欧盟的三分之一。相对来说，葡萄牙和法国的就业份额在欧盟最高，分别占0.6%和0.5%。

表7-16 2011~2013年各成员国地理标志密集型产业占国内生产总值和就业量平均比重

国家	增加值（百万欧元）	占国内生产总值比例	就业	总就业比重
奥地利	236	0.1%	5313	0.1%
比利时	5	0.0%	68	0.0%
保加利亚	31	0.1%	3008	0.1%
塞浦路斯	4	0.0%	79	0.0%
捷克	25	0.0%	569	0.0%
丹麦	1481	0.1%	31 984	0.1%
希腊	20	0.0%	326	0.0%
爱沙尼亚	无			
萨尔瓦多（EL）	478	0.2%	8734	0.2%
西班牙	1939	0.2%	45 560	0.3%
芬兰	无			
法国	6602	0.3%	130 649	0.5%
克罗地亚	11	0.0%	387	0.0%
匈牙利	119	0.1%	4382	0.1%
爱尔兰	391	0.2%	861	0.0%
意大利	2910	0.2%	77 563	0.3%
立陶宛	8	0.0%	224	0.0%
卢森堡	14	0.0%	262	0.1%
拉脱维亚	无	无	无	无
马耳他	无	无	无	无
荷兰	21	0.0%	212	0.0%
波兰	无	无	无	无
葡萄牙	409	0.2%	26 445	0.6%
罗马尼亚	355	0.3%	3074	0.0%
瑞典	无	无	无	无
斯洛文尼亚	35	0.1%	334	0.0%
斯洛伐克	39	0.1%	1466	0.1%
英国	2978	0.1%	58 316	0.2%
欧盟28国总计	18 109	0.1%	399 815	0.2%

　　还应当注意的是，虽然占国家经济比重不大，地理标志密集型产业高度集中在各会员国的特定区域，在那里这些产业是当地经济的重要组成部分。

　　正如前文提到的，地理标志密集型产业增加值和就业量的估测值，是利用生产地理标志产品相关产业的比重来计算的。这与其他知识产权的估测值形成对比，而后者的估测值是假设知识产权密集度是一个产业的根本特征，不考虑其地理位置。

7.4.6　植物品种权密集型产业

　　植物品种权密集型产业创造了 100 万个就业岗位，占欧盟总就业数的0.5%，另外，植物品种权密集型产业对欧盟国内生产总值贡献份额为0.4%，如表 7－17 所示。植物品种权密集型产业创造的就业份额高于平均数的国家包括奥地利、保加利亚、塞浦路斯、希腊、西班牙、匈牙利、荷兰、波兰、葡萄牙和马耳他。

　　奥地利、保加利亚、丹麦、法国、匈牙利、立陶宛、卢森堡、马耳他及荷兰这些国家植物品种权密集型产业的国内生产总值贡献率都超过欧盟平均水平。

表 7－17　2011～2013 年各成员国植物品种权密集型产业占国内生产总值和就业量平均比重

国家	增加值（百万欧元）	占国内生产总值比例	就业	总就业比重
奥地利	1576	0.5%	28 485	0.7%
比利时	1148	0.3%	17 768	0.4%
保加利亚	268	0.6%	42 179	1.4%
塞浦路斯	50	0.3%	2492	0.7%
捷克	390	0.2%	12 963	0.3%
丹麦	11 257	0.4%	119 423	0.3%
希腊	1167	0.5%	11 901	0.4%
爱沙尼亚	71	0.4%	1613	0.3%
萨尔瓦多（EL）	530	0.3%	32 647	0.9%
西班牙	3882	0.4%	120 341	0.7%
芬兰	440	0.2%	12 859	0.5%
法国	11 572	0.6%	109 588	0.4%
克罗地亚	105	0.2%	5962	0.4%
匈牙利	982	1.0%	22 220	0.6%
爱尔兰	283	0.2%	3395	0.2%
意大利	5186	0.3%	105 998	0.5%
立陶宛	213	0.6%	5756	0.5%

国家	增加值（百万欧元）	占国内生产总值比例	就业	总就业比重
卢森堡	1007	2.3%	733	0.3%
拉脱维亚	71	0.3%	1962	0.2%
马耳他	38	0.5%	1369	0.8%
荷兰	6119	0.9%	114 089	1.4%
波兰	997	0.3%	90 758	0.6%
葡萄牙	445	0.3%	40 896	0.9%
罗马尼亚	330	0.2%	43 780	0.5%
瑞典	648	0.2%	10 193	0.2%
斯洛文尼亚	79	0.2%	3105	0.3%
斯洛伐克	137	0.2%	3266	0.1%
英国	2717	0.1%	53 012	0.2%
欧盟28国总计	51 710	0.4%	1 018 754	0.5%

7.4.7 所有知识产权密集型产业

如果将所有6个知识产权密集型产业合并起来并消除重叠情况，所有成员国知识产权密集型产业的经济贡献率如表7-18所示。在欧盟层面，知识产权密集型产业的就业和DGP贡献率分别为27.8%和42.3%。在奥地利、保加利亚、捷克共和国、丹麦、爱沙尼亚、德国、匈牙利、意大利、卢森堡、斯洛伐克、斯洛文尼亚及瑞典，知识产权密集型产业的就业份额高出平均水平。国内生产总值方面，保加利亚、捷克共和国、丹麦、芬兰、克罗地亚、德国、匈牙利、爱尔兰、意大利、卢森堡、罗马尼亚、斯洛文尼亚、斯洛伐克和英国的知识产权密集型产业贡献比重超过欧盟平均水平。

表7-18 2011~2013年各成员国所有知识产权密集型产业占国内生产总值和就业量平均比重

国家	增加值（百万欧元）	占国内生产总值比例	就业	总就业比重
奥地利	128 325	40.6%	1 148 969	28.2%
比利时	155 771	40.3%	1 138 507	25.2%
保加利亚	18 791	45.3%	907 896	30.8%
版权	6481	34.1%	87 441	22.8%
捷克	74 107	46.2%	1 750 041	35.7%
丹麦	1 229 202	44.5%	12 550 108	32.1%
希腊	108 316	43.1%	849 755	31.6%
爱沙尼亚	6609	36.9%	176 357	28.8%

续表

国家	增加值（百万欧元）	占国内生产总值比例	就业	总就业比重
萨尔瓦多（EL）	77 251	40.1%	981 743	26.2%
西班牙	427 445	40.8%	4 536 875	25.6%
芬兰	87 867	44.0%	687 593	27.8%
法国	840 920	40.3%	6 175 205	24.0%
克罗地亚	19 814	45.0%	428 699	27.3%
匈牙利	46 877	46.7%	1 170 113	30.6%
爱尔兰	94 658	53.8%	444 846	24.0%
意大利	715 131	44.1%	6 750 580	30.1%
立陶宛	12 662	38.2%	340 561	26.7%
卢森堡	19 886	45.1%	88 951	38.1%
拉脱维亚	6588	30.4%	219 395	25.0%
马耳他	2925	40.3%	47 158	27.6%
荷兰	229 497	35.5%	2 276 034	27.4%
波兰	143 721	37.0%	3 801 318	24.4%
葡萄牙	65 912	38.4%	1 217 713	26.6%
罗马尼亚	63 815	46.6%	1 800 000	21.0%
瑞典	164 955	39.1%	1 484 689	31.8%
斯洛文尼亚	16 185	44.6%	290 142	31.5%
斯洛伐克	32 574	45.1%	757 275	32.6%
英国	867 882	43.7%	7 924 237	26.8%
欧盟 28 国总计	5 664 168	42.3%	60 032 200	27.8%

8. 单一市场知识产权来源及创造的工作岗位

尤其需要注意的是，本报告中显示的知识产权密集型产业占国内生产总值和就业的比重，并不一定反映一个国家的经济创新程度。例如，因为成本低、商业气候好或者自然资源丰富，某个国家可以成为专利密集型制造业的首先地。这样，该国的专利密集型产业可创造高就业比重，尽管这些把工厂建在该国并为该国创造就业机会的制造公司的总部可能位于该国境外，并在境外进行研发（与生产相对）。

正如本章所述，在这种更精细层面来分析知识产权的影响，是未来研究的重要领域。相应地，接下来是对知识产权来源地的初步分析，知识产权对欧盟及其成员国经济的贡献是本项研究的主题。

8.1 欧盟境内知识产权的来源地

到目前为止，本报告讨论了知识产权密集型产业创造就业机会和经济活动的地点。如前所述，这不一定是各成员国相对"知识产权创造力"的反映。在欧洲内部市场（欧盟地区），公司可能将总部设在一个国家，但创造知识产权在其他国家，制造最终产品又在另一个国家。尤其是，在何处选址生产取决于许多因素，包括拥有必要技能劳动力的成本和供给、土地、原材料和其他资源、在各个国家的商业环境和税制。

本章探究了两个基本问题：

- 在该报告中，哪一个欧盟成员国创造了知识产权分析？
- 知识产权密集型产业的其他成员国公司为每个成员国创造的工作岗位比例是多少？

本节和下一节为这两个问题提供初步答案。

利用申请量和就业数据，可以确定在欧盟知识产权局和欧洲专利局申请的商标、设计和专利以及在欧盟植物品种局申请的植物品种权来源何处（比如指明所有者的国籍）。表 8 - 1 所示为 2011～2013 年源于每个成员国的专利、商标、设计和植物品种权情况。需要注意，为了对每一个国家的知识产权活动有个清晰了解，这些表格中包含了所有产业公司的申请量资

料。故此，这些数字不能与之前章节中的数字进行直接比较，因为之前章
节只分析知识产权密集型产业。❶

表 8 – 1　2011 ~ 2013 年所有产业的申请量情况

按原产国	专利	专利排名	商标	商标排名	设计	设计排名	商标 + 植物品种权利	商标 + 植物品种权利排名	就业（单位：千个）	专利每1000个工作人员	商标每1000个工作人员	设计每1000个工作人员	商标 + 植物品种权利每1000个工作人员
奥地利	1867	8	2813	7	2381	7	13	10	4081	0.46	0.69	0.58	0.00
比利时	1927	7	1838	10	1315	11	51	8	4521	0.43	0.41	0.29	0.01
保加利亚	17	27	461	19	492	16	0	不适用	2945	0.01	0.16	0.17	0.00
塞浦路斯	51	20	399	20	47	26	0	不适用	383	0.13	1.04	0.12	0.00
捷克	151	15	843	16	802	14	7	13	4900	0.03	0.17	0.16	0.00
丹麦	26 654	1	19 943	1	19 040	1	421	3	39 148	0.68	0.51	0.49	0.01
希腊	1776	9	1379	11	1476	10	131	4	2693	0.66	0.51	0.55	0.05
爱沙尼亚	37	22	225	24	115	23	0	不适用	613	0.06	0.37	0.19	0.00
萨尔瓦多（EL）	75	19	528	18	141	22	0	不适用	3754	0.02	0.14	0.04	0.00
西班牙	1484	11	8164	4	3762	5	80	7	17 731	0.08	0.46	0.21	0.00
芬兰	1764	10	1043	13	821	13	2	15	2471	0.71	0.42	0.33	0.00
法国	9783	2	7383	5	7012	3	449	2	25 774	0.38	0.29	0.27	0.02
克罗地亚	16	28	71	28	13	28	0	不适用	1572	0.01	0.05	0.01	0.00
匈牙利	101	17	390	21	145	21	9	12	3826	0.03	0.10	0.04	0.00
爱尔兰	609	12	888	15	204	17	0	不适用	1856	0.33	0.48	0.11	0.00
意大利	3807	5	8312	3	9351	2	109	5	22 452	0.17	0.37	0.42	0.00
立陶宛	18	26	201	26	47	27	0	不适用	1274	0.01	0.16	0.04	0.00
卢森堡	424	13	1120	12	545	15	0	不适用	233	1.82	4.80	2.34	0.00
拉脱维亚	44	21	111	27	54	25	3	14	877	0.05	0.13	0.06	0.00
马耳他	32	24	266	23	82	24	0	不适用	171	0.19	1.56	0.48	0.00
荷兰	5515	3	3909	6	2352	8	1055	1	8307	0.66	0.47	0.28	0.13
波兰	334	14	2273	9	3166	6	21	9	15 574	0.02	0.15	0.20	0.00
葡萄牙	84	18	1031	14	1010	12	0	不适用	4572	0.02	0.23	0.22	0.00
罗马尼亚	29	25	555	17	164	19	0	不适用	8561	0.00	0.06	0.02	0.00
瑞典	3610	6	2342	8	1656	9	9	11	4663	0.77	0.50	0.36	0.00
斯洛文尼亚	124	16	206	25	154	20	1	17	922	0.13	0.22	0.17	0.00
斯洛伐克	36	23	274	22	179	18	1	16	2325	0.02	0.12	0.08	0.00
英国	4683	4	10 206	2	5466	4	104	6	29 610	0.16	0.34	0.18	0.00
欧盟 28 国总计	65 053		77 174		61 992		2466		215 808	0.30	0.36	0.29	0.01

❶ 本报告的分析通篇以欧盟层面的申请量为基础。未来更多研究可能也会包括国家层面的申请量更多具体资料，
从而更全面反映申请情况。

从绝对数量看，德国专利、商标和设计排名第一。其他领域主要由法国、荷兰、英国、意大利和西班牙占据。成员国之间有一些变化，例如，虽然西班牙的商标和设计排前5名，但专利只排第11名。紧随这组最大经济体之后是一组较小的北欧国家，包括荷兰、奥地利、丹麦和瑞典。2004年以后加入欧盟的13个国家中，排名最前的是波兰，也是这些国家中最大的国家。植物品种模式与其他知识产权模式不同：其中荷兰排名第一，其次是法国、德国、丹麦和意大利。

当然，在所有其他条件都相同的情况下，较大国家的知识产权申请量也往往较多。因此，表格所示为每1000个工作人员的知识产权申请量。这是本报告通篇采用的知识产权密度的测量指标。整个欧盟的平均数是每1000名工作人员0.36EUTM、0.30 PCT专利、0.29 RCD及0.01植物品种权。从这个角度来看，每名员工的知识产权创造量高于欧盟平均水平的国家，有奥地利、比利时、丹麦、芬兰、法国、德国、爱尔兰、意大利、卢森堡、马耳他、荷兰和瑞典。

8.2 在欧盟内部市场创造的就业量

本报告第7章显示，许多新成员国知识产权密集型产业占就业和国内生产总值的比重相对较高。但是8.1节已经指出，在EUIPO和EPO申请的大部分知识产权来源于欧盟15个成员国。因此，虽然许多企业继续在国内开发自己的知识产权，但最终的生产却常常位于其他成员国，尤其是位于那些2004年以后加入欧盟的国家。事实上，创造跨境就业可被认为是内部市场的积极表现。

通过检查每个成员国的就业岗位由设在其他成员国或任何欧盟以外的企业所创造的程度，对这种在内部市场创造就业机会的模式进行了进一步的阐述。

可从欧盟统计局外国附属机构统计（FATS）中获取每个成员国的外国所有权情况。❶ 表8-2中，这些信息已结合匹配数据库确定每个成员国知识产权密集型产业的国外公司创造多少工作岗位。

---

❶ 有关详细说明可参阅：http：//ec. europa. eu/eurostat/web/structural - business - statistics/global - value - chains/foreign - affiliates。

表 8 - 2　2011 ~ 2013 年欧盟成员国所有知识产权密集型产业的国外公司创造的工作岗位情况

欧盟成员国	总部位于以下国家或地区的公司创造的工作岗位					
	其他欧盟成员国	非欧盟国家	知识产权密集型产业的总体就业量产业*	其他欧盟比重	非欧盟占比	非国内总比重
匈牙利	257 528	147 835	1 067 094	24.1%	13.9%	38.0%
罗马尼亚	469 170	144 147	1 669 160	28.1%	8.6%	36.7%
捷克	406 722	180 637	1 648 394	24.7%	11.0%	35.6%
爱尔兰	46 096	85 907	390 886	11.8%	22.0%	33.8%
斯洛伐克	188 659	49 829	720 720	26.2%	6.9%	33.1%
爱沙尼亚	36 498	10 392	161 326	22.6%	6.4%	29.1%
卢森堡	13 051	8145	75 211	17.4%	10.8%	28.2%
瑞典	212 394	154 513	1 332 389	15.9%	11.6%	27.5%
奥地利	186 424	94 972	1 033 054	18.0%	9.2%	27.2%
希腊	119 642	80 620	767 232	15.6%	10.5%	26.1%
拉脱维亚	36 954	13 091	197 028	18.8%	6.6%	25.4%
英国	595 718	1 086 036	6 651 932	9.0%	16.3%	25.3%
波兰	591 588	237 002	3 506 204	16.9%	6.8%	23.6%
比利时	137 684	102 352	1 033 845	13.3%	9.9%	23.2%
荷兰	237 650	209 899	1 965 779	12.1%	10.7%	22.8%
立陶宛	45 564	20 768	313 279	14.5%	6.6%	21.2%
芬兰	73 401	51 611	603 283	12.2%	8.6%	20.7%
保加利亚	116 022	52 972	820 962	14.1%	6.5%	20.6%
法国	599 867	444 987	5 626 122	10.7%	7.9%	18.6%
斯洛文尼亚	35 838	13 182	273 119	13.1%	4.8%	17.9%
西班牙	453 445	203 801	3 933 330	11.5%	5.2%	16.7%
丹麦	909 627	904 980	11 221 093	8.1%	8.1%	16.2%
克罗地亚	47 408	8716	397 569	11.9%	2.2%	14.1%
葡萄牙	111 369	38 941	1 111 189	10.0%	3.5%	13.5%
意大利	342 949	293 477	6 068 171	5.7%	4.8%	10.5%
萨尔瓦多（EL）	45 654	14 328	837 538	5.5%	1.7%	7.2%
塞浦路斯	1649	1546	74 849	2.2%	2.1%	4.3%
马耳他	510	495	41 149	1.2%	1.2%	2.4%

* FATS 中包含的知识产权密集型产业。

　　表 8 - 2 中的国家根据他们设在其他国家的企业所创造的知识产权密集型产业的就业总比重排序。由此可见，匈牙利所有知识产权密集型产业就业岗位的 38% 由非匈牙利的企业创造，24% 由设在其他欧盟国家的企

业创造，而 14% 由总部设在欧盟以外的企业创造。知识产权密集型产业国外公司创造的工作岗位超过 30% 的欧盟成员国包括罗马尼亚、捷克共和国、爱尔兰及斯洛文尼亚。

在来自欧盟以外的企业创造的知识产权密集型产业就业岗位中，爱尔兰占据的比重最大，几乎达到 22%。非欧盟的企业创造知识产权密集型就业岗位比重较大的其他国家包括英国、瑞典、捷克共和国和匈牙利。

创造出的就业机会在欧盟成员国间流动性很大，一定程度上在欧盟和非欧盟国家之间也存在一定的流动性。然而，即使是在匈牙利这样知识产权密集型产业由非国内企业占比重最大的国家，非捷克企业创造就业机会的比例为 38%，所以，几乎三分之二的这类就业机会仍然是由匈牙利本国的企业创造。在欧盟最大的经济体中，知识产权密集型产业的就业机会绝大多数还是由这些经济体的国内企业创造的：在英国为 75%，法国为 81%，德国为 84%，西班牙为 83%，意大利为 90%。

表 8 - 3 所示为商标密集型产业、专利密集型产业和设计密集型产业的非国内公司创造的工作岗位比重。在欧盟层面，与所有 6 个知识产权密集型产业整个欧盟 20.5% 的平均数相比，专利和设计密集型产业的外国公司的子公司创造的工作岗位较高，分别为 26% 和 23%。在匈牙利、罗马尼亚或爱尔兰这样的国家，比例甚至超过 50%。由于可用数据有限，不可能精确地计算本报告中研究的其他知识产权密集型产业外国公司子公司创造的工作岗位情况。尽管如此，可从现有结果推断出，版权、地理标志和植物种类权利密集型产业创造的工作岗位低于全部知识产权密集型产业的 20.5% 的平均数。

表 8 - 3 2011～2013 年欧盟成员国知识产权密集型产业外国公司创造的平均工作岗位

欧盟成员国	所有知识产权			专利			商标			设计		
	其他欧盟比重	非欧盟占比	非国内总比重	其他欧盟比重	非欧盟占比	非国内总比重	其他欧盟比重	非欧盟占比	非国内总比重	其他欧盟比重	非欧盟占比	非国内总比重
奥地利	18.0%	9.2%	27.2%	19.4%	12.6%	32.0%	18.8%	9.5%	28.2%	18.7%	10.5%	29.1%
比利时	13.3%	9.9%	23.2%	19.5%	17.5%	37.0%	12.9%	10.1%	23.1%	15.8%	12.8%	28.6%
保加利亚	14.1%	6.5%	20.6%	15.2%	8.8%	24.0%	14.5%	6.1%	20.6%	17.9%	6.8%	24.6%
塞浦路斯	2.2%	2.1%	4.3%	1.1%	1.1%	2.1%	2.3%	2.6%	4.9%	2.2%	1.2%	3.5%
捷克	24.7%	11.0%	35.6%	30.0%	14.7%	44.6%	23.9%	10.7%	34.6%	27.8%	11.8%	39.6%
丹麦	8.1%	8.1%	16.2%	8.5%	9.7%	18.3%	8.1%	8.5%	16.6%	7.6%	8.8%	16.4%
希腊	15.6%	10.5%	26.1%	14.7%	10.4%	25.1%	15.5%	11.3%	26.9%	15.7%	10.3%	26.0%
爱沙尼亚	22.6%	6.4%	29.1%	36.5%	8.3%	44.8%	22.6%	6.6%	29.1%	29.9%	7.9%	37.8%
萨尔瓦多（EL）	5.5%	1.7%	7.2%	5.5%	1.6%	7.1%	5.6%	1.8%	7.4%	5.3%	1.7%	7.0%

续表

欧盟成员国	所有知识产权			专利			商标			设计		
	其他欧盟比重	非欧盟占比	非国内总比重	其他欧盟比重	非欧盟占比	非国内比重	其他欧盟比重	非欧盟占比	非国内总比重	其他欧盟比重	非欧盟占比	非国内总比重
西班牙	11.5%	5.2%	16.7%	17.5%	8.6%	26.1%	11.1%	5.3%	16.4%	13.7%	6.5%	20.2%
芬兰	12.2%	8.6%	20.7%	11.9%	11.1%	23.0%	12.2%	8.8%	21.0%	11.5%	10.2%	21.7%
法国	10.7%	7.9%	18.6%	12.8%	9.9%	22.7%	11.2%	8.8%	20.0%	13.2%	9.6%	22.8%
克罗地亚	11.9%	2.2%	14.1%	13.1%	2.1%	15.3%	11.7%	2.2%	13.9%	12.6%	1.9%	14.5%
匈牙利	24.1%	13.9%	38.0%	31.7%	22.5%	54.3%	23.3%	14.0%	37.4%	30.6%	18.9%	49.5%
爱尔兰	11.8%	22.0%	33.8%	12.6%	41.1%	53.6%	10.9%	22.8%	33.7%	13.8%	36.2%	50.0%
意大利	5.7%	4.8%	10.5%	7.4%	7.1%	14.5%	5.8%	5.1%	10.9%	5.3%	4.5%	9.7%
立陶宛	14.5%	6.6%	21.2%	14.9%	10.2%	25.0%	14.0%	6.5%	20.5%	16.0%	8.0%	24.1%
卢森堡	17.4%	10.8%	28.2%	15.7%	7.1%	22.8%	20.5%	11.4%	31.8%	15.2%	5.7%	21.0%
拉脱维亚	18.8%	6.6%	25.4%	22.4%	8.4%	30.8%	18.1%	6.5%	24.7%	21.8%	7.8%	29.6%
马耳他	1.2%	1.2%	2.4%	1.2%	0.6%	1.9%	1.2%	1.3%	2.5%	0.6%	0.7%	1.3%
荷兰	12.1%	10.7%	22.8%	13.1%	16.2%	29.3%	12.1%	11.6%	23.7%	11.9%	12.6%	24.5%
波兰	16.9%	6.8%	23.6%	24.3%	11.6%	35.9%	15.5%	6.4%	21.8%	20.1%	8.2%	28.3%
葡萄牙	10.0%	3.5%	13.5%	18.0%	5.9%	24.0%	9.9%	3.6%	13.6%	10.9%	3.4%	14.3%
罗马尼亚	28.1%	8.6%	36.7%	37.3%	13.7%	51.0%	26.4%	8.1%	34.5%	35.1%	10.3%	45.3%
瑞典	15.9%	11.6%	27.5%	18.1%	12.7%	30.8%	15.5%	11.7%	27.1%	17.9%	12.2%	30.1%
斯洛文尼亚	13.1%	4.8%	17.9%	16.4%	5.9%	22.2%	12.9%	5.4%	18.3%	16.0%	6.0%	22.0%
斯洛伐克	26.2%	6.9%	33.1%	40.4%	13.9%	54.3%	24.2%	6.0%	30.2%	34.7%	10.9%	45.6%
英国	9.0%	16.3%	25.3%	10.0%	17.6%	27.6%	9.0%	16.1%	25.1%	9.4%	16.5%	25.9%
欧盟 28 国总计	11.8%	8.7%	20.5%	14.4%	11.5%	25.8%	11.6%	8.9%	20.5%	13.2%	9.4%	22.7%

通过观察其他成员国的企业在欧盟成员国创造的约 400 万个工作岗位源自何处，表 8 - 4 从不同角度显示了内部市场范围内的就业机会跨境流动情况。数据显示，德国企业在其他成员国创造近 130 万个就业机会，约占总数 32%。法国企业在欧盟其他成员国创造近 97.9 万个就业机会，等等。虽然奥地利和斯堪的纳维亚的企业在其他成员国也创造了大量就业机会，但在列表的顶部还是由较大的成员国占主导地位。

表 8 - 4 欧盟成员国中其他成员国公司为其创造的工作岗位

（知识产权密集型产业，2011 ~ 2013 年平均数）

欧盟成员国	欧盟其他成员国中总部位于成员国的公司为其创造的工作岗位	所有比重欧盟跨境工作岗位
丹麦	1 291 031	32.1%
法国	978 642	24.3%

欧盟成员国	欧盟其他成员国中总部位于成员国的公司为其创造的工作岗位	所有比重 欧盟跨境工作岗位
英国	582 455	14.5%
意大利	325 515	8.1%
希腊	172 962	4.3%
奥地利	170 115	4.2%
芬兰	140 978	3.5%
瑞典	107 686	2.7%
西班牙	85 239	2.1%
比利时	47 928	1.2%
萨尔瓦多（EL)	24 668	0.6%
卢森堡	20 005	0.5%
立陶宛	16 180	0.4%
葡萄牙	15 935	0.4%
波兰	13 596	0.3%
匈牙利	7653	0.2%
斯洛文尼亚	7199	0.2%
捷克	5784	0.1%
克罗地亚	5041	0.1%
爱尔兰	4415	0.1%
斯洛伐克	2594	0.1%
拉脱维亚	1670	0.0%
罗马尼亚	491	0.0%
塞浦路斯	37	0.0%
马耳他	5	0.0%
保加利亚	不适用	不适用
爱沙尼亚	不适用	不适用
荷兰	不适用	不适用
欧盟 28 国总计	4 027 824	100%

9. 技术焦点：气候变化减缓技术

本章节主要讨论对欧洲未来经济发展十分重要的技术领域：降低气候变化影响的技术。气候变暖显然是 21 世纪最大挑战之一。根据 2015 年气候变化大会上 195 个国家达成的《巴黎协定》，欧洲承诺为抵抗全球变暖而努力。气候变化减缓技术（CCMT）在实现人类的伟大目标中将扮演重要角色。我们需要在不对经济发展造成负面影响的情况下能够降低排放的、意义深远的新发明。除此之外，气候变化减缓技术（CCMT）可为未来经济增长创造大量机会，2025 年，预计全世界的环境技术和资源效率市场量翻倍，达到 53 850 亿欧元。❶

气候变化减缓技术（CCMT）有望在未来几年转换为大量业务，已经在欧洲多个产业中蔓延。因此，本章节有两个目的：第一，确认在气候变化减缓技术（CCMT）方面处于领先地位的欧洲产业；第二，分析这些气候变化减缓技术（CCMT）密集型产业的经济特点。

9.1 欧洲气候变化减缓技术（CCMT）密集型活动

正如最近发布的一份欧洲专利局和联合国环境规划署报告（2015 年）所述，欧洲是气候变化减缓技术（CCMT）领域发明活动的主要中心之一，许多在这个地区经营的公司依赖于知识产权保护自己创新的价值。

为了便于确认包括控制、减轻或防止温室气体相关技术解决方案的发明，欧洲专利局制定了"Y02/Y04S"标识计划。该计划是由欧洲专利局专利审查人员在该领域的外部专家的协助下制定的，准许对 300 多万件专利文件的结构化访问，这些文件披露与建筑物、温室气体收集和储存、可再生能源发电、传输或配送、工业生产活动和运输、废水或废水处理和智能电网技术相关的气候变化减缓技术（CCMT）信息。❷

欧洲专利局气候变化减缓技术（CCMT）"Y02/Y04S"标识计划：

---

❶ 参见德国联邦环境、自然保护与核安全部（2014 年）。
❷ 可通过欧洲专利局的在线数据库 Espacenet 免费获取这些信息，通过这些信息，可以找到最新气候变化减缓技术（CCMT）发展情况并产生基于证据的决策所需的统计数据。

- Y02E　　能源生产、存储和配送
- Y02B　　与建筑物相关的气候变化减缓技术（CCMT）
- Y02P　　生产中的气候变化减缓技术（CCMT）
- Y02T　　与运输相关的气候变化减缓技术（CCMT）
- Y02W　　垃圾及废水处理的气候变化减缓技术（CCMT）
- Y04S　　智能电网

正如使用"Y02/Y04S"标识计划创建的图 9 - 1 所示，气候变化减缓技术（CCMT）领域的欧洲申请人向欧洲专利局提交的申请绝对数量和相对数量都在强劲上升，尤其是过去十年。欧洲申请人提交气候变化减缓技术（CCMT）专利申请占欧洲全部专利申请的比例被解释为气候变化减缓技术（CCMT）在欧洲重要地位的一个衡量手段，2006 年，该比例低于 6%，而到了 2013 年上升超过 9%。

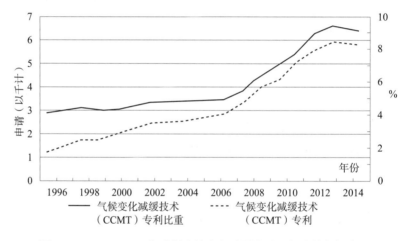

图 9 - 1　1996～2013 年欧洲申请人向欧洲专利局提交的气候变化减缓技术（CCMT）专利数量及所占比重

9.2　识别欧洲气候变化减缓技术（CCMT）密集型产业确认

使用第 5 章中所示方法，我们发现，2004～2008 年期间，在欧盟，匹配数据库的 615 个欧盟经济活动统计分类的大类产业中，有 232 个产业至少申请一个气候变化减缓技术（CCMT）专利并获得授权。整体上，全部欧洲专利中 5.9% 的专利被视为与气候变化减缓技术（CCMT）有关。

为了确认被视为气候变化减缓技术（CCMT）密集用户的产业，需要采用以下标准。第一，仅选择知识产权密集型产业。第二，计算相关气候变化减缓技术（CCMT）专利密度衡量标准。这被定义为同样欧盟经济活动统计分类产业每1000个工作人员获授权气候变化减缓技术（CCMT）专利的数量。为了说明在该产业整体专利组合中气候变化减缓技术（CCMT）专利的重要性，也计算了每个欧盟经济活动统计分类的大类产业的气候变化减缓技术（CCMT）专利份额。然后，气候变化减缓技术（CCMT）密集型产业组合被定义为知识产权密集型的产业，在这些产业中，气候变化减缓技术（CCMT）专利相对密度和气候变化减缓技术（CCMT）专利份额超出至少拥有一个气候变化减缓技术（CCMT）专利的所有产业的总体就业权重平均值。❶ 这些标准的持续使用说明，虽然在许多欧盟经济活动统计分类的大类产业中使用气候变化减缓技术（CCMT）专利，但是大多数此类专利却集中在少数几个类别，并且气候变化减缓技术（CCMT）专利只在一些领域中一个产业占据专利组合的重要部分。

整体上，14个产业符合标准，如表9-1所示。合在一起，它们占据欧洲各产业所有匹配气候变化减缓技术（CCMT）专利的30.4%。鉴于这种认定基于专利信息，所有气候变化减缓技术（CCMT）密集型产业同时也属于专利密集型产业。尽管如此，它们中的大多数不属于欧洲专利最集中的产业群。在气候变化减缓技术（CCMT）密集型产业中，有一半也同时属于商标密集型产业，并且其中有五个产业也属于设计权密集型用户。

大多数气候变化减缓技术（CCMT）密集型产业属于制造业。采矿和采石领域内有两个产业属例外情况，即天然气开采和其他有色金属矿石的开采。虽然在传统意义上，在这些产业中，大多数无法被视为环境友好型产业，但是这说明，从事这些产业的欧洲公司正在进行创新，以减少其经济活动对气候的负面影响。

表9-1 欧洲气候变化减缓技术（CCMT）密集型产业

欧盟经济活动 统计分类代码	欧盟经济活动 统计分类对应的 具体产业	气候变化减缓 技术（CCMT） 专利份额	气候变化减缓 技术（CCMT） 专利/1000雇员	专利密集 型排名	密集型 知识产权
06.20	天然气开采	18.2%	1.54	16	P
20.11	工业气体制造	22.8%	1.77	18	专利、商标
30.30	航空航天器及相关机械制造	21.7%	1.40	25	P
27.90	其他电气设备制造	10.0%	0.58	27	专利、商标、设计
23.11	平板玻璃制造	14.0%	0.62	38	专利、商标、设计

---

❶ 气候变化减缓技术（CCMT）识别方法的中间步骤以及满足识别标准的欧盟经济活动统计分类产业清单，请参考附录13。

欧盟经济活动统计分类代码	欧盟经济活动统计分类对应的具体产业	气候变化减缓技术（CCMT）专利份额	气候变化减缓技术（CCMT）专利/1000 雇员	专利密集型排名	密集型知识产权
20.13	其他无机基础化学品制造	11.4%	0.49	40	专利、商标
29.10	汽车制造	16.1%	0.52	45	专利、商标、设计
27.20	电池和蓄电池制造	58.0%	1.62	52	专利、商标、设计
29.31	汽车电气和电子设备制造	11.6%	0.27	65	P
28.25	非家用制冷及通风设备制造	19.1%	0.42	66	专利、商标、设计
24.46	核燃料加工	73.7%	1.35	76	P
28.96	塑料及橡胶机械制造	10.5%	0.19	78	P
07.29	其他有色金属矿的开采	46.4%	0.68	90	P
28.11	发动机和涡轮机制造，飞机、汽车及摩托车发动机除外	22.9%	0.22	116	p

9.3 气候变化减缓技术密集型产业对欧盟经济的贡献

如表 9 - 2 所示，2011 ~ 2013 年，气候变化减缓技术密集型产业创造的就业占欧盟总就业的 1.2%。与 2008 ~ 2010 年相比，相关欧盟经济活动统计分类大类产业的工作人员数下降了 1.8%，与同一时期欧盟总就业下降的幅度一致。

表 9 - 2　气候变化减缓技术密集型产业对欧洲就业、国内生产总值及贸易的经济贡献

	欧盟国内生产总值比重	欧盟就业比重（直接）		欧盟进口比重	欧盟出口比重	净出口额（百万欧元）	平均人工成本（周/欧元）
2011 ~ 2013 年	2.1%	1.2%	2013 年早期	11.1%	17.4%	102 471	1007
与 2008 ~ 2010 年相比总额发生的变化	13.1%	- 1.8%	与 2010 年期间相比总额发生的变化	9.6%	36.4%		

气候变化减缓技术密集型产业对欧盟国内生产总值的最近时期的贡献率为 2.1%，几乎是气候变化减缓技术密集型产业对欧盟就业贡献率的两倍。另外，与早期相比，这些产业的经济产量增加了 13.1%。这就意味着气候变化减缓技术密集型产业一般来说能够提高生产力。再者，气候变化减缓技术密集型产业的表现在同一时期远远超过欧洲产业的整体表现。

气候变化减缓技术密集型产业也对欧盟外贸作出了不对称的贡献。气候变化减缓技术密集型产业对欧盟进口贡献比重为 11.1%，对欧盟出口贡献比重为 17.4%。更重要的是，气候变化减缓技术密集型产业已为欧盟创造了明显的贸易顺差。

最后，气候变化减缓技术密集型产业支付的平均周薪为 1007 欧元，超过所有知识产权密集型产业的平均周薪很多。

10. 附件：所有342个知识产权密集型产业清单

表 10-1　所有342个知识产权密集型产业清单

欧盟经济活动统计分类代码	描述	商标密集型	设计密集型	专利密集型	版权密集型	地理标志密集型	植物品种密集型
00.00	园艺						●
06.10	原油开采	●		●			
06.20	天然气开采			●			
07.29	其他有色金属矿的开采			●			
08.11	观赏和建筑石材、石灰石、石膏、白垩和石板开采	●					
08.91	化学和肥料矿物开采	●					
08.93	盐的提取	●					
08.99	其他采矿采石（未在别处分类）	●					
09.10	石油和天然气开采辅助活动	●		●			
10.13	肉类和家禽肉类产品生产	●					
10.20	鱼类、甲壳类和贝类的加工和保存	●					
10.32	水果蔬菜汁生产	●	●				
10.39	水果和蔬菜的其他加工和保存	●					
10.41	油脂制作	●		●			
10.42	人造黄油和类似食用油脂制作	●					
10.51	奶制品和奶酪的制作	●				●	
10.52	冰淇淋制作	●	●				
10.61	谷物磨制品制作	●					
10.62	淀粉及淀粉制品生产	●					
10.72	面包干和饼干制造；长久保存的糕饼及蛋糕制作	●					
10.73	通心粉、面条、方便面和类似的粉面制品制作	●	●				
10.81	糖的制作	●					
10.82	可可、巧克力和糖果制作	●					
10.83	茶叶和咖啡加工	●	●	●			

续表

欧盟经济活动统计分类代码	描述	商标密集型	设计密集型	专利密集型	版权密集型	地理标志密集型	植物品种密集型
10.84	调味品和调味料制作	●	●				
10.86	均质调制食品和营养食品制作	●					
10.89	其他食品制作（未在别处分类）	●		●			
10.91	家畜精制饲料生产	●					
10.92	精制宠物食品生产	●	●				
11.01	白酒蒸馏、精馏及调和	●				●	
11.02	葡萄酒制作	●				●	
11.03	苹果酒和其他果酒制作	●	●				
11.04	其他非蒸馏酿造饮料生产	●	●				
11.05	啤酒生产	●				●	
11.06	麦芽酒生产	●					
11.07	软饮料制造，矿泉水和其他瓶装水生产	●	●				
12.00	烟草制品制造	●	●	●			
13.10	织物纤维制备和纺纱	●					
13.20	纺织品织造	●	●				
13.30	纺织品的染整	●	●				
13.91	针织及钩编织物制造	●	●				
13.92	纺织制成品制造，服装除外	●	●				
13.93	地毯制造	●	●				
13.94	绳、索、合股线及网制造	●	●	●			
13.95	无纺布及无纺布制品制造，服装除外	●	●	●			
13.96	其他工艺及工业纺织品织造		●				
13.99	其他纺织品制造（未在别处分类）	●	●	●			
14.11	皮衣生产	●	●	专利			
14.12	工作服生产	●					
14.13	其他外衣生产	●	●				
14.14	内衣生产	●					
14.19	其他服装服饰生产	●	●				
14.20	毛皮制品生产	●	●				
14.31	针织袜类生产	●	●				
14.39	其他针织编织服装生产	●	●				
15.12	皮箱、手提包和类似物品、马鞍及马具制造	●	●				

续表

欧盟经济活动统计分类代码	描述	商标密集型	设计密集型	专利密集型	版权密集型	地理标志密集型	植物品种密集型
15.20	鞋类生产	●	●				
16.21	层压板和人造板生产	●	●				
16.22	组装镶花地板生产	●	●				
16.23	其他建筑工人木工制品生产	●					
16.29	其他木制品、软木制品、草编制品及编织材料生产	●	●				
17.11	纸浆生产	●			●		
17.12	纸张纸板生产	●		●	●		
17.22	家用卫生洁具及洗手间其他必需品制造	●	●	●			
17.23	纸品文具生产	●	●				
17.24	墙纸生产	●	●				
17.29	其他纸和纸板制品制造	●	●	●			
18.11	报纸印刷	●			●		
18.12	其他印刷				●		
18.13	印前和预媒体服务		●		●		
18.14	装订及相关服务				●		
18.20	记录媒介的复制	●			●		
19.20	精炼石油产品制造	●					
20.11	工业气体制造	●		●			
20.12	染料和颜料制造	●		●			
20.13	其他无机基础化学品制造	●		●			
20.14	其他有机基础化学品制造	●		●			
20.15	肥料和氮化合物制造	●					
20.16	初级形状塑胶制造	●	●	●			
20.17	初级形状合成橡胶制造	●					
20.20	农药及其他农药产品制造	●		●			
20.30	油漆、清漆及类似涂料、印刷油墨和胶粘剂制造	●	●	●			
20.41	肥皂和洗涤剂、清洁和抛光用品制造	●	●	●			
20.42	香水及卫生间设备制造	●	●	●			
20.51	爆炸物制造	●		●			
20.52	胶水制造	●		●			

欧盟经济活动统计分类代码	描述	商标密集型	设计密集型	专利密集型	版权密集型	地理标志密集型	植物品种密集型
20.53	精油制造	●	●	●			
20.59	其他食品制作（未在别处分类）	●	●	●	●		
20.60	人造纤维制造	●		●			
21.10	基本医药产品制造	●	●	●			
21.20	医药制剂生产	●		●			
22.11	橡胶轮胎和内胎制造、橡胶轮胎翻新和复原	●	●	●			
22.19	其他橡胶制品制造	●	●	●			
22.21	塑料板材、片材、管材和型材制造	●	●	●			
22.22	塑料包装用品制造	●	●	●			
22.23	塑料建筑用器具制造	●	●	●			
22.29	其他塑料产品制造	●	●	●			
23.11	平板玻璃制造	●	●	●			
23.13	中空玻璃制造	●	●				
23.14	玻璃纤维制造	●	●	●			
23.19	其他玻璃制造及加工，包括工艺玻璃制品	●	●	●			
23.20	耐火产品制造	●					
23.31	瓷砖制造	●	●				
23.32	烧制的泥土制成的砖、瓦片和建筑产品的制造	●	●				
23.41	陶瓷家用和装饰品制造	●	●				
23.42	陶瓷卫生设备制造	●	●	●			
23.43	陶瓷绝缘陶瓷和绝缘接头制造	●		●			
23.44	其他技术陶瓷制品制造	●					
23.49	其他陶瓷产品制造	●	●				
23.62	建筑用石膏制品制造	●					
23.70	石料切割、造型及修整		●				
23.91	磨料制品生产	●		●			
23.99	其他非金属矿物制品制造（未在别处分类）	●	●	●			
24.32	窄带钢冷轧	●					
24.33	冷成型或冷弯	●					
24.34	冷拔丝	●		●			

欧盟经济活动统计分类代码	描述	商标密集型	设计密集型	专利密集型	版权密集型	地理标志密集型	植物品种密集型
24.41	贵金属生产	●	●	●			
24.42	铝生产		●	●			
24.45	其他有色金属生产	●	●	●			
24.46	核燃料加工		●				
24.52	钢铸造	●					
25.12	金属门窗生产		●				
25.21	中央供暖散热片及锅炉制造	●	●				
25.30	蒸汽发生器制造，中央供暖热水锅炉除外	●		●			
25.40	武器弹药制造	●					
25.50	金属锻造、压制、压印及辊压成形，粉末冶金			●			
25.71	刀具制造	●	●	●			
25.72	锁具及铰链制造	●	●	●			
25.73	工具制造	●	●	●			
25.91	钢桶及类似容器制造			●			
25.92	轻金属包装制造	●	●	●			
25.93	钢丝制品、链条及弹簧制造	●	●	●			
25.94	紧固件和螺丝机械产品制造	●	●	●			
25.99	其他焊接金属制品制造（未在别处分类）	●	●	●			
26.11	电子元件制造	●	●	●			
26.12	加载电子板制造			●			
26.20	计算机及外围设备制造	●	●	●	●		
26.30	通信设备制造	●	●	●			
26.40	消费电子产品制造	●	●	●	●		
26.51	测量、检验及导航仪器和设备制造	●	●	●			
26.52	手表和钟表制造	●	●	●			
26.60	放射、电子医学及电子医疗设备制造	●	●	●			
26.70	光学仪器及摄影器材制造	●	●	●	●		
26.80	磁性和光学介质制造	●	●	●			
27.IT	电动机、发电机和变压器制造			●			
27.12	配电及控制设备制造		●	●			

续表

欧盟经济活动统计分类代码	描述	商标密集型	设计密集型	专利密集型	版权密集型	地理标志密集型	植物品种密集型
27.20	电池和蓄电池制造	●	●	●			
27.31	光缆制造			●	●		
27.32	其他电子和电气导线及电缆制造	●	●	●			
27.33	配线设备制造		●	●			
27.40	电气照明设备制造	●	●	●			
27.51	家用电器制造	●	●	●			
27.52	非电子家电制造	●	●	●			
27.90	其他电气设备制造	●	●	●			
28.11	发动机和涡轮机制造，飞机、汽车及摩托车发动机除外			●			
28.12	液力设备制造			●			
28.13	其他泵及压缩机制造	●	●	●			
28.14	其他塞子及阀门制造	●	●	●			
28.15	轴承、齿轮、传动和驱动部件制造	●		●			
28.21	烘炉、熔炉及熔炉烧嘴制造	●	●	●			
28.22	起重及装卸设备制造	●		●			
28.23	办公机械和设备（电脑及周边设备除外）	●		●	●		
28.24	电动手持工具生产	●	●	●			
28.25	非家用制冷及通风设备制造	●	●	●			
28.29	其他通用机械制造业（未在别处分类）	●	●	●			
28.30	农业和林业机械制造	●	●	●			
28.41	金属成型机械制造	●		●			
28.49	其他机械工具制造	●		●			
28.91	冶金机械制造	●	●	●			
28.92	采矿、采石和建筑机械制造	●		●			
28.93	食品、饮料和烟草加工机械制造	●	●	●			
28.94	纺织、服装和皮革生产机械制造		●	●			
28.95	纸张和纸板制品机械制造	●		●			
28.96	塑料及橡胶机械制造			●			
28.99	其他通用机械制造业（未在别处分类）	●	●	●			
29.10	汽车制造	●	●	●			

欧盟经济活动统计分类代码	描述	商标密集型	设计密集型	专利密集型	版权密集型	地理标志密集型	植物品种密集型
29.20	机动车辆车身制造：拖车、半拖车制造		●	●			
29.31	汽车电气和电子设备制造			●			
29.32	机动车辆其他零件及配件制造		●	●			
30.12	游船和运动船建造	●					
30.20	铁路机车和轨道车辆制造		●	●			
30.30	航空航天器及相关机械制造			●			
30.40	军用战车制造	●					
30.91	摩托车制造	●	●	●			
30.92	自行车和病人用车制造	●	●	●			
30.99	其他运输设备制造（未在别处分类）	●	●	●			
31.01	办公和商店家具制造	●	●				
31.02	厨房家具制造		●				
31.03	床垫制造	●	●	●			
31.09	其他家具生产		●				
32.11	硬币铸造		●		●		
32.12	珠宝和相关物品制造	●	●		●		
32.13	仿制珠宝和相关物品制造	●	●				
32.20	乐器制造	●	●		●		
32.30	体育运动商品制造	●	●	●			
32.40	游戏和玩具制造	●	●	●			
32.50	医疗和牙科器械和用品制造	●	●	●			
32.91	扫把和刷子制造	●	●	●			
32.99	其他制造（未在别处分类）	●	●	●			
33.19	其他设备修理	●		●			
33.20	工业机械设备安装			●			
41.10	建设项目开发	●					
45.31	机动车零件及配件批发贸易	●		●			
45.40	摩托车和相关零件及配件销售、保养和维修	●					
46.11	农业原材料、活体动物、纺织原材料和半成品销售代理	●					●
46.12	燃料、矿石、金属和工业化学品销售代理	●		●			

欧盟经济活动统计分类代码	描述	商标密集型	设计密集型	专利密集型	版权密集型	地理标志密集型	植物品种密集型
46.13	木材和建筑材料销售代理	●	●				
46.14	机械、工业设备、船舶和飞机销售代理	●	●	●			
46.15	家具、家居用品、五金器具销售代理	●	●	●			
46.16	代理涉及纺织品、服装、毛皮、鞋类和皮革制品销售代理	●					
46.17	食品、饮料和烟草销售代理	●					
46.18	其他特殊产品专业销售代理	●	●				
46.19	百货销售代理	●					
46.21	粮食、未加工烟草、种子和动物饲料批发	●					●
46.22	花卉批发	●					●
46.24	牛羊皮和皮革批发	●					
46.31	果蔬批发	●					
46.32	肉类和肉制品批发	●					
46.33	奶制品、蛋和食用油脂批发	●					
46.34	饮料批发	●					
46.36	糖、巧克力和甜食批发	●		●			
46.37	咖啡、茶叶、可可和香料批发	●					
46.38	其他食品批发，包括鱼类、甲壳类和贝类批发	●					
46.39	食品、饮料和烟草非专业批发	●					
46.41	纺织品批发	●	●				
46.42	衣物和鞋履的制造	●	●				
46.43	电气家用电器批发	●	●	●	●		
46.44	瓷器、玻璃器皿和清洁用品批发	●	●				
46.45	香水和化妆品批发	●	●				
46.46	医药品批发	●		●			
46.47	家具、地毯及照明设备批发	●	●				
46.48	手表及珠宝批发	●	●				
46.49	其他家用商品批发	●	●				
46.51	电脑、计算机外国设备和软件批发	●			●		
46.52	电子和通信设备及备件批发	●	●		●		

欧盟经济活动统计分类代码	描述	商标密集型	设计密集型	专利密集型	版权密集型	地理标志密集型	植物品种密集型
46.62	机械工具批发	●		●			
46.63	采矿、建筑和土木工程机械批发		●				
46.64	纺织器械和缝纫编制机器批发	●					
46.65	办公家具批发	●	●				
46.66	其他办公机器设备批发				●		
46.69	其他机械和设备批发	●	●	●			
46.71	固体、液体和气体燃料及相关产品批发	●					
46.72	金属和金属矿批发	●	●				
46.74	五金、管道和供暖设备和用品批发	●	●				
46.75	化工产品批发	●		●			
46.76	其他中间产品批发	●	●		●		
46.90	非专业化批发贸易	●	●				
47.19	其他非专卖店零售	●					
47.25	专门店饮料零售	●					
47.41	专门店电脑、外国设备和软件零售	●			●		
47.43	专门店音像设备零售				●		
47.51	专门店纺织品零售	●					
47.59	专门店家具、照明设备和其他家居用品零售		●				
47.61	专门店书籍的零售销售				●		
47.62	专门店报纸和文具零售销售				●		
47.63	专门店音乐和音像零售销售				●		
47.65	专门店游戏和玩具零售	●	●				
47.74	专门店医疗和矫形商品零售	●					
47.75	专门店化妆和盥洗用品零售	●					
47.77	专门店手表和珠宝零售		●				
47.78	专门店其他新商品零售				●		
47.91	通过邮购商店和网络的零售	●	●				
47.99	其他非商店、摊位或市场内的零售	●					
50.10	海上或沿海水路客运	●					
50.20	海上或沿海水路货运	●					
51.10	航空客运	●					
51.20	航空航天货运	●	●				

欧盟经济活动统计分类代码	描述	商标密集型	设计密集型	专利密集型	版权密集型	地理标志密集型	植物品种密集型
55.90	其他住宿产业						
58.11	书籍出版	●			●		
58.12	地址目录及邮寄表出版	●			●		
58.13	报纸出版				●		
58.14	杂志期刊出版	●			●		
58.19	其他出版活动	●			●		
58.21	计算机游戏出版	●			●		
58.29	其他软件出版	●		●	●		
59.11	电影、视频及电视节目制作活动	●			●		
59.12	电影、视频及电视节目后期制作活动	●			●		
59.13	电影、视频及电视节目发行活动	●			●		
59.14	电影放映活动				●		
59.20	录音及音乐出版活动	●	●		●		
60.10	广播	●			●		
60.20	电视节目制作及广播活动	●			●		
61.10	有线通信活动				●		
61.20	无线通信活动	●		●	●		
61.30	卫星通信活动	●		●	●		
61.90	其他通信活动	●	●	●	●		
62.01	计算机编程活动	●			●		
62.02	计算机咨询活动	●			●		
62.03	计算机设施管理活动	●			●		
62.09	其他信息技术和计算机服务活动	●			●		
63.11	数据处理、储存和相关活动	●			●		
63.12	门户网站	●			●		
63.91	新闻机构活动	●			●		
63.99	其他信息服务活动等	●			●		
66.00	金融服务及保险活动辅助活动	●					
68.10	自有房地产买卖	●	●				
68.20	自有或租入房地产租赁及运营	●					
70.21	公共关系及通信活动	●	●		●		
70.22	商业及其他管理咨询活动	●					
71.12	工程活动及相关技术咨询			●			

欧盟经济活动统计分类代码	描述	商标密集型	设计密集型	专利密集型	版权密集型	地理标志密集型	植物品种密集型
71.20	技术测试和分析			●			
72.11	生物技术研究与实验开发	●	●	●			
72.19	自然科学和工程学的其他研究与实验开发	●	●	●			
72.20	社会科学和人文研究和实验开发	●		●			
73.11	广告代理	●			●		
73.12	媒体展示	●			●		
73.20	市场研究与民意测验	●					
74.10	专业设计活动	●	●		●		
74.20	摄影活动				●		
74.30	笔译和口译活动				●		
74.90	其他专业、科学和技术活动（未在别处分类）	●	●	●			
77.12	卡车租借和出租	●					
77.22	录像带和光盘租赁				●		
77.29	其他个人家庭用品租赁				●		
77.33	办公机器设备租借和出租（包括电脑）	●			●		
77.35	航空运输设备租借和出租	●					
77.39	其他机械设备和有形商品租借和出租（未在别处分类）	●			●		
77.40	知识产权及类似产品租赁（受版权保护作品除外）	●	●	●			●
79.11	旅行社活动	●					
79.12	旅游经营活动	●					
79.90	其他预订服务及相关活动				●		
82.11	联合办公管理服务活动	●					
82.19	复印、文件编制和其他专业化办公支持活动					●	
82.30	会议和贸易展览组织	●					
85.52	文化教育				●		
90.01	表演艺术				●		
90.02	表演艺术配套活动				●		
90.03	艺术创作				●		

欧盟经济活动统计分类代码	描述	商标密集型	设计密集型	专利密集型	版权密集型	地理标志密集型	植物品种密集型
90.04	艺术机构的运营				●		
91.01	图书馆及档案活动				●		
91.02	博物馆活动				●		
91.03	历史遗址建筑及类似旅游景区运营				●		
92.00	博彩和投注活动	●					
93.00	体育活动和娱乐休闲活动，不包括9329——其他娱乐和休闲活动	●					
93.21	游乐园及主题乐园活动					●	
93.29	其他游乐休闲活动	●				●	
94.12	专业成员组织的活动					●	
94.99	其他会员组织活动（未在别处分类）					●	
95.24	家具和家庭摆设修理		●				

11. 附件方法

11.1 数据匹配方法：详细说明

知识产权登记簿是分析个体企业、产业或国家情况的重要数据来源。然而，使用这种数据的研究人员面临着许多挑战。最重要的问题是：

• 缺失申请人的统一名称，意味着相同的一个企业实体在登记簿中可能有几个不同的名称。

对于同一个申请者，知识产权登记者拥有两个或者多个准入，因为在申报中申请人总是不用他们现有的识别号而是新建一个新的识别号去申报，新的识别号和后续申请的数据相同或者有些微改变。在这种情况下，按申请量来编制申请人排序名单就非常困难，因为一家公司的申请可能分布在知识产权登记簿许多不同的 ID 中。

• 缺失知识产权申请人的综合信息。

知识产权登记簿中的所有权数据是非常有限的。知识产权申请人仅仅提交接下来用来确认知识产权持有人的有限信息，如姓名、地址和联系方式。尽管如此，没有知识产权相关经济研究所需信息。甚至连计算产业知识产权密度所需的基本描述性统计信息，都不能仅根据知识产权登记簿而汇编出来。

最近几年，已进行各种努力统一知识产权名册（主要是专利名册）中的姓名/名称，使之与商业注册数据一致。[1] 本研究受益于参加之前各项研究的研究人员和组织的经验和知识。尽管如此，随着地理区域的扩大（28 个欧盟成员国）及知识产权范围（专利、商标及设计），以前的统一和匹配项目结果不能直接使用。因此，必须开发和实施一种新型名称统一和数据匹配方法。

在名称统一阶段所用的算法，很大程度上基于比利时鲁汶大学/欧盟

---

[1] 例如，比利时鲁汶大学（KUL Leuven）/欧盟统计局对 PATSTAT 数据库统一人名的方法、经济合作与发展组织的 HAN 数据库，或英国知识产权局 OFLIP 数据库。

统计局的方法。❶

第二阶段包括将经过清理和统一名称后的 EUIPO，CPVO 和 PATSTAT 数据与 ORBIS 数据库进行匹配。ORBIS 数据库是从各国名册收集到的综合性人口统计和金融公司数据。该数据通常用来分析企业实体的经济表现。❷ ORBIS 数据库中的可用信息是各个国家各个信息提供人提供的信息，这些信息提供人提供国家或地方机构按照相关法律或行政要求收集的数据。目前，ORBIS 全球数据库包含 1 亿多条企业记录。ORBIS 欧洲数据库包含 2000 多万条企业记录，在本项研究中用于和申请人数据相匹配。❸

名称统一和匹配流程分为几个阶段，最终创建出匹配后的数据集，如图 11 - 1 所示。

11.1.1　数据预处理

数据预处理的首要目标，是消除关于名称所用大小写字母（大写、小写或首字母大写）不同的问题。即使不同数据库中的字符串内容相同，但如果使用了两种不同的大小写规则，则不能视为相同。为了解决这个问题，在 EUIPO 和 EPO 的数据库中，申请人的名称一律转换为大写。

默认情况下，知识产权登记簿可使用来源国的国家字符，以记录申请人的名称。然而，有时申请人或其法定代理人使用已转换成拉丁文的名称来提出新的申请，而未使用任何具体国家字符。在这种情况下，自动算法无法将这种拉丁文形式的名称标识为等同于原来的名称。通过利用 Java 平台运行的"规范化格式兼容性分解"（NFKD）统一码规范转化程序，该问题得以处理。这可以将所有名称都自动转换为规范化形式。

在进一步的预处理步骤中，除 a – zA – Z0 – 9&@ $ +以外的其他所有字符，都替换为一个空格，并清除句点符号。开头和结尾的空格字符也被清除，而多个空格字符被减少为一个空格。

---

❶　《产生统一后的专利统计数据的方法：专利权人名称统一》，2006 年欧盟统计局。

❷　近期的一个例子是经济合作与发展组织 ORBIS 数据库：S. 平托·里贝罗、S. 孟亨那尔罗、K. D. 巴克尔，《经济合作与发展组织 ORBIS 数据库：对经济合作与发展组织内关于公司层面微数据需求的响应》，经济合作与发展组织统计工作文件，2010 年 1 月。

❸　http：//www. bvdinfo. com/products/company – information/international/orbis，retrieved 29/5/2013.

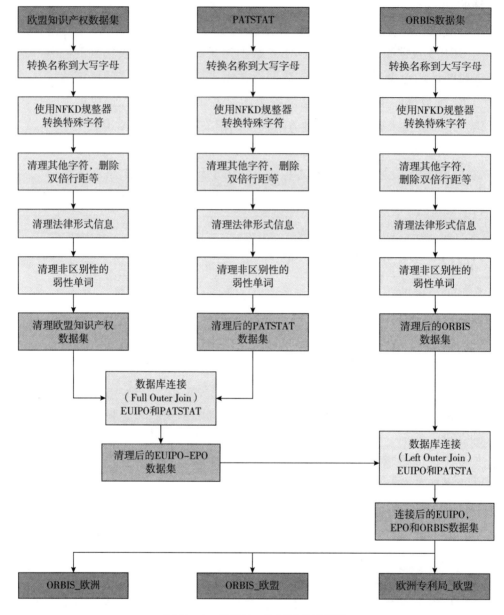

图 11-1 名称统一和匹配流程概述

11.1.2 法律形式清理

在最初的数据预处理后，开始专有名称的清理，以清除所有非区别性信息，这些信息可能妨碍个体名称标识的正确分组以及与外部数据源的后续匹配。名称清理的关键部分，是名称字段里法律形式指称的标准化及清除。由于处理来自 28 个不同国家的权利人数据极具挑战性，有些字符串在一些国家表明法律形式，但在别的国家是公司名称的区别性组成部分，必须避免这种字符串被错误删除。为此，我们决定要按国别来具体处理法律形式指称。我们创建了一个字典，含有 480 个正则表达式，用于识别和去除欧盟各成员国典型的法律形式。正则表达式是一个非常有效的方法，能够在一行数据中捕获描述相同法律形式的多个字符串变体。因此，利用 480 行代码，可以捕捉欧盟各成员国使用的几乎所有法律形式的标准化版本，将其清除，并分配到一个单独的列中。

进行法律形式清理时，我们只过滤与特定国家相关的正则表达式法律形式信息，并对每个正则表达式表达式下同一国家的申请人名称予以循环使用。一旦找到匹配项并在名称字段中发现申请人的法律形式描述，该公司的记录就被分配到"已清理数据集"，并排除在算法的后续循环处理之外。因此，一旦某个特定公司名称中发现有相关的法律形式，那么该公司就排除在法律形式信息的进一步检索操作之外。

对于一些国家（比利时、德国、波兰）来说，增加了第二步的法律形式清理。对比利时而言，其目的主要是寻找同时以法语和荷兰语标注法律形式的情况。在这种情况下，只清理一种语言的法律形式指称是不起作用的，因为同一法律形式可用第二种官方语言标注，并依然是清理后名称字段的一部分。对于德国和波兰，第二个循环设计用来处理复合法律形式，比如 GMBH CO KG 或者 Spółka z ograniczoną odpowiedzialnością spółka komandytowo–akcyjna，这些法律形式包括以单独用于相关法律背景下的两个或多个法律形式。第二个循环中，运算法则设计用来核实规定的法律形式是否可在名称域中检测到，如果不能检测到，将法律形式的缩写版添加到法律形式域内。

在某些国家，法律形式表述被其他字词隔开，而这些字词是公司名称中的区别性信息。在这种情况下，法律形式清理前的第一步，是对法律形式进行标准化，将其作为字符串的最后一部分，而将剩下其他所有字词作为规范化名称的组成部分。

法律形式的清理程序针对四个数据集（EUIPO、EPO、CPVO 和 ORBIS）分别进行。

这一步完成后，有单独的表（每一个国家有 4 个表，对应 4 个数据源），包含 EUIPO、EPO、CPVO 和 ORBIS 原始数据集内每家公司的规范化名称字段，不含法律形式信息。此外，添加一个新的列，含有来自原始名称字段并从规范化名称中清理掉的标准化法律形式。

11. 1. 3 匹配算法的数据准备

与法律形式清理类似，匹配操作和各匹配阶段的直接准备也按国别进行。对于每个国家来说，包括从上一步（法律形式清理）得到的结果的表格属于起点。

第一步，为每个国家分配一个对应于该国/语言的代码，并从规范化名称中去除非区别性字词。非区别性字词列表是基于对公司名称里字词出现频率的计算，以及对每个数据既全面而费力的分析。该部分程序不是完全自动的，因为不是所有的相对高频字词都通过自动化程序从规范化名称字段中清除。同理，一些相对低频字词也从规范化名称中清除，因为在分析每个数据集之后发现，它们并不具区别性。

EUIPO 和 EPO 数据集里的大量申请人是自然人。但我们决定不将自然人从各自数据集过滤掉，目的是当 ORBIS 中出现对应 ID 时可进行匹配。然而，在 PATSTAT 中没有单独的字段来表明申请人是否为自然人。此外，PATSTAT 中自然人姓名与 ORBIS 中的格式不同。为了处理 PAT-STAT 和 ORBIS 中自然人姓名格式不同的问题，EPO 数据集中的"人员姓名"（person_name）字段被分为两个部分，使用逗号分隔。然后将两部分的顺序颠倒过来，使其类似于 ORBIS 格式。接下来，检查这种重排的字段是否与 EUIPO 和 ORBIS 数据集匹配。如果匹配，名称就被转换成在三个数据库中都一致的规范化名称。

接下来，我们研究 3 个数据集内的经营用名。"Trading as"名称是因国家/语言不同而异的。如果名称中包含"trading as"名称，则创建两个附加字段如下：一个是"NormCompany_short"字段，为"trading as"字符串前面的部分；另一个是"TradingAs"字段，为"trading as"字符串后面的部分。例如，名称"European Union Intellectual Property Office trading as EUIPO"将转换为三个字段，一个正式字段："EUROPEAN UNION INTELLECTUAL PROPERTY OFFICE TRADING AS EUIPO"；Norm-Company_short 字段："EUROPEAN UNION INTELLECTUAL PROPERTY OFFICE"；以及"TradingAs"字段："EUIPO"。

在创建这两个附加字段之后，通过检查来确定：不能按规范化名称匹配/分组的企业，基于"NormCompany – NormCompany_short"字段比较，是否与库内其他名称标识相匹配。

处理"trading as"表达式后，单词之间的所有空格都被删除，形成一个规范化名称，从而创建一个字符串，由前述阶段处理后名称中剩下的所有字词构成。

在为最终匹配而进行的数据准备过程中,最后一步是,通过规范化名称对 EPO、EUIPO 和 ORBIS 中的每个数据集进行组合。在通过规范化名称对记录进行组合时,个体记录的名称标识号码、地址和法律形式信息保留在级联格式中。

11.1.4 欧盟知识产权局及欧洲专利局数据匹配

为了合并 EUIPO 和 EPO 的数据,首先尝试使用两个数据集内的"NormCompany"字段名称进行初始匹配。下一步,所有能相匹配的记录都被过滤出来,并分配到一个单独的数据集。

在后续步骤,两个数据集内按 NormCompany 字段未能匹配的记录,运用 EPO NormCompany 和 EUIPO TradingAs 字段来检查是否匹配,随后再按 EPO NormCompany 名称和 EUIPO NormCompany_short 字段进行匹配。在每个步骤中,如果实现一项匹配,就将该匹配的记录添加到前面步骤创建的单独数据集中。

对在第一阶段未匹配的记录,重复该程序操作(通过来自两个数据集内的规范化名称)。在此阶段,将 EUIPO NormCompany 字段与 EPO TradingAs 字段进行匹配,如找不到匹配,则将其与 EPO 的 NormCompany_short 字段进行匹配。

完成匹配程序后,对 EUIPO_EPO 匹配数据集内的记录,都分配一个常见的规范化 EPO – EUIPO 名称 NormCompany_EUIPO_EPO。接着,添加原始 PATSTAT 和 EUIPO 表格里所有未匹配的记录。同样的,在这些记录中,每个记录的 NormCompany 字段名称都转换为 NormCompany_EUIPO_EPO,以符合整个数据集的规范化格式标准。图 11 – 2 概述了 EUIPO 与 PATSTAT 数据集的匹配程序。

11.1.5 将欧洲专利局和欧盟知识产权局数据集同 ORBIS 进行匹配

匹配过程的第二步,是将 EUIPO_EPO 数据集与 ORBIS 进行匹配。在第一次循环匹配搜索中,采用 EUIPO_EPO 数据集的 NormCompany_EUIPO_EPO 字段与 ORBIS 的 NormCompany 字段,对可能的匹配进行检查。所有的匹配项都分配到一个单独的数据集,并使用最初源自三个数据集的 TradingAs 和 NormCompany_short 字段,进行后续的循环匹配搜索。完成这一操作,首先要利用 ORBIS 的 NormCompany_short 字段,检查其与 Norm-

Company_EUIPO_EPO 数据集的匹配情况。如果匹配，则匹配的记录被分配到一个匹配数据集。然后，对于在前面阶段仍未匹配的记录，用 TradingAs 字段与 NormCompany_EUIPO_EPO 数据集进行匹配。

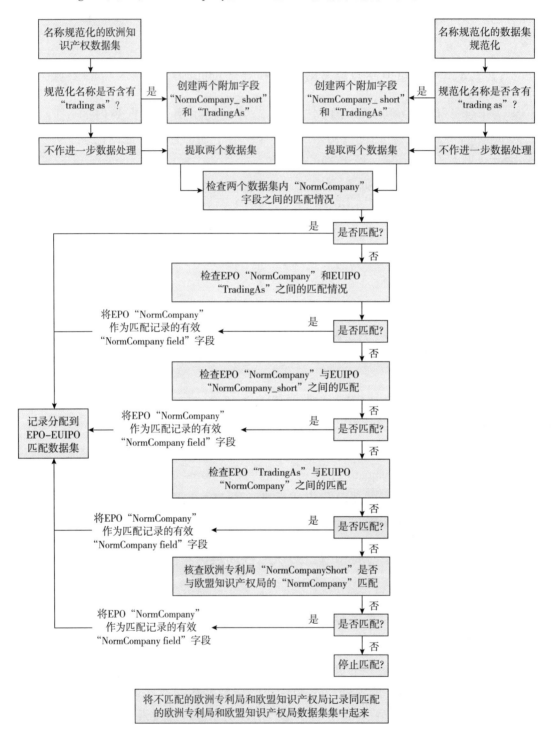

图 11 – 2 欧盟知识产权局与欧洲专利局之间的数据匹配

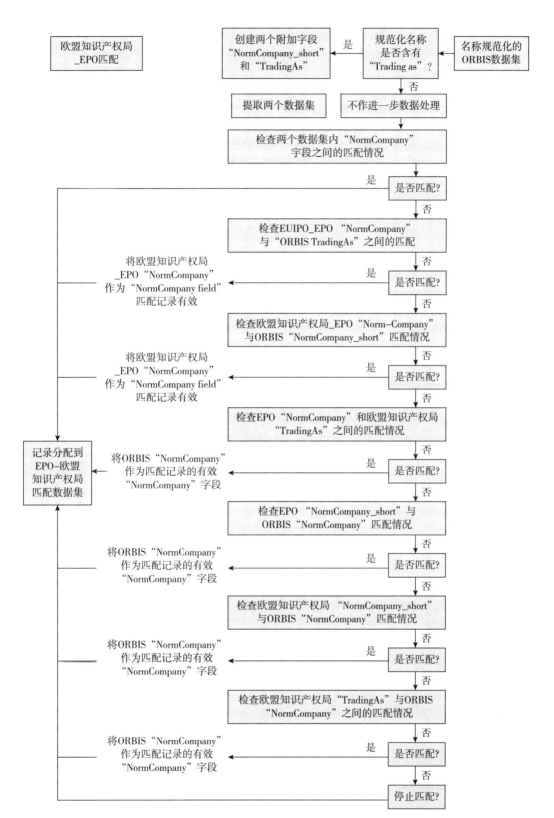

图 11 – 3 欧盟知识产权局/欧洲专利局数据集与 ORBIS 的匹配

　　类似的程序依次进行，以检查发现 ORBIS 的 NormCompany 字段分别与 EPO 的 person_name 字段、NormCompany_short 字段（基于 EPO person_name）、与基于 EUIPO owner_name 字段的 TradingAs 和基于 EUIPO 的 owner_name 字节的 NormCompany_short 字段。

　　在完成这些匹配程序后，将结果汇总在一张表中，该表含有所有匹配记录。图 11-3 概列匹配程序。

11.1.6　后匹配数据处理（消除歧义）

　　在前面章节描述的初始匹配阶段后，"一对一"的匹配（一个 EPO/欧盟知识产权局记录只与一个 ORBIS 记录匹配）被过滤掉了，"一对多"的匹配（一个 EPO/欧盟知识产权局记录匹配几个 ORBIS 记录）被选出以作进一步处理。本阶段，使用其他信息（除公司名称之外）本信息可在原来的三个数据集中获得，也可在法律形式清理的过程中创建。

　　ORBIS 数据集包含一个名为"DUO"（国内最终拥有人）的字段。第一步，将 ORBIS 数据集内的所有企业按其规范化名称进行分组，并检查确定有多少个不同的 DUO 号码对应每个组。如果具有同一规范化名称的几个 ORBIS 公司只有一个 DUO 号码与它们相关，那么与该公司相关的记录就视为一个潜在的匹配。匹配这些记录之前，在营业额和就业量方面将 DUO 公司记录的完整性与该组中其他公司进行比较。这是必要的一步，因为对于 DUO 公司是否整合了其附属公司的账目并无资料可查。所以，EPO/欧盟知识产权局数据库内的记录只与一个相关的 ORBIS 记录（DUO 或附属公司）匹配，即与组内营业额及就业量最高的记录匹配。

　　在下一步，识别出各组同一规范化名称和同一 Bureau van Dijk❶（BvD）名称标识根号码的 ORBIS 记录。有时 ORBIS 分公司或子公司具有与母公司相同的号码，用连字符将根号码与附加数字隔开。这个连字符和连字符后的所有数字都被剥离，以便检查规范化名称相同的所有 ORBIS 企业，是否具有相同的 BvD id 根号码。如果是，那么 EPO/欧盟知识产权局记录就与 BvD 识别号码作为所有同一规范化名称 ORBIS 公司根号码的那家企业相关联。

　　随后，该算法检查：在同一规范化名称的 ORBIS 公司中，是否只有一家公司的法律形式与至少一家 EPO/欧盟知识产权局数据库中的企业相同。

---

❶　毕威迪公司（Bureau van Dijk）是 ORBIS 数据库的供应商。

我们最后一次尝试寻找不同的匹配，将 EPO – 欧盟知识产权局记录中的邮政编码，与 ORBIS 中各条匹配记录中的邮政编码进行比较。如果只有一条 ORBIS 记录与 EPO – 欧盟知识产权局记录中的邮政编码匹配，就将其添加到匹配数据集内。

消除歧义流程的最后阶段，是将初始匹配的数据集（EPO – OHIM 与 ORBIS 记录之间的"一对一"匹配），与上述歧义消除流程各阶段创建的数据集连接起来。由此产生的数据集，包含了 EPO – 欧盟知识产权局与 ORBIS 表格间有"一对一"关系的所有记录。在消除歧义流程后，那些仍有"一对多"关系的匹配记录被忽略不计。

图 11 – 4 概列了消除歧义流程。

11.1.7　人工匹配阶段

到目前为止描述的匹配算法都是自动化的。为了确保匹配数据集的企业样本能代表欧盟知识产权局/EPO 申请人的整体情况，还要进行进一步的人工匹配程序。

在人工匹配阶段，我们创建了 28 个数据库，包含来自欧盟各成员国的专利、商标和设计申请人方面的信息。作为人工匹配的基础，将申请人在匹配样本中的知识产权频率分布与适用的欧盟知识产权局或 EPO 整个登记簿中的分布进行比较。人工匹配过程是为了确保样本中的频率分布与总体人口相匹配，并因此集中于那些样本中未被充分代表的申请人（通常是那些知识产权拥有量较少的申请人）。一般来说，知识产权拥有量较大的公司往往规模也很大，并且相对于小公司而言，更容易在 ORBIS 数据库中找到。这个程序确保了将自动化匹配流程中创建的样本偏差尽可能减少。

人工检查流程中，使用了 ORBIS 以外来源的申请人信息，如国家商业登记簿或公司网站，目的是找出不匹配的原因。比如，在某些情况下，可以明确原因是公司最近变更了名字。在这些情况下，这条新信息会用来再次检索 ORBIS 数据库。因此，ORBIS 中的规范化名称有时并不对应于欧盟知识产权局/EPO 数据库中的规范化名称。

人工搜索阶段的简要流程，如图 11 – 5 所示。

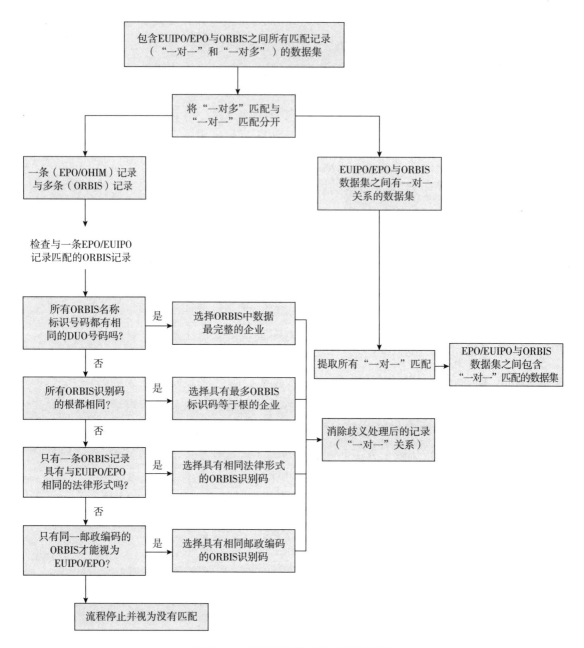

图 11 - 4 匹配后数据处理（消除歧义）

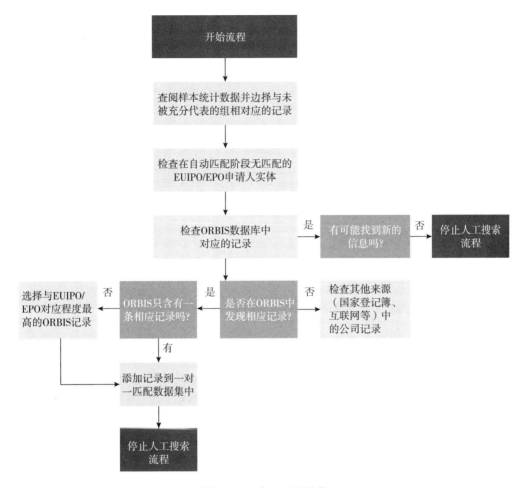

图 11 - 5　人工匹配阶段

11.1.8　编制最终匹配对照表

在完成消除歧义流程和人工检查后，我们创建了各种对照表，作为知识产权经济分析所需的各种数据库数据之间的桥梁。

图 11 - 6 的示意图显示了基于匹配操作编制的最终表格，以及其与 PATSTAT、欧盟知识产权局和 ORBIS 数据库内关键表格的关系。有三个主要的对照表：

- ORBIS - EPO 对照表：主要关键字是 PATSTAT 的 tls206_person 表中的"person_id"（人员_名称标识）号码，以及 ORBIS 数据集的"BvD id"（BvD 名称标识）号码。该表用于将 PATSTAT 的专利信息，与 ORBIS 数据集内的欧洲企业人口统计和财务数据联系起来。

- ORBIS - EUIPO 对照表：主要关键字是 EUIPO 数据库的 dim_owner

表中的"owner_code"（拥有人代码）和 ORBIS 数据集的"BvD id"（BvD 名称标识）号码。该表用于将 EUIPO 登记簿中的商标和设计信息，与 ORBIS 数据集内的欧洲企业人口统计和财务数据联系起来。

- EPO - EUIPO 对照表：主要关键字是 PATSTAT 的 tls206_person 表中的"person_id"（人员_名称标识）号码，以及 EUIPO 数据库的 dim_owner。该表用于将 PATSTA 中的专利信息，直接与 EUIPO 登记簿中的商标和设计信息联系起来。该表既包含与 ORBIS 数据集匹配的申请人，又包含那些与 ORBIS 不匹配但在两个知识产权数据库（PATSTAT 和 EUIPO 登记簿）中都出现的申请人。

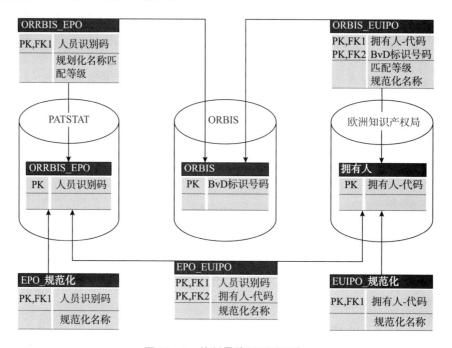

图 11 - 6　编制最终匹配对照表

11.1.9　绝对密度计算调整

一旦 EPO/EUIPO/ORBIS 数据库与欧盟统计局的结构性商业统计产业统计相匹配——计算"绝对密度"的必要步骤——就能很明显看出还需解决两个问题：总公司问题以及欧盟经济活动统计分类代码在不同级别的集合问题。本节介绍这些问题具体如何展现，以及在专利、商标和设计相关计算中如何得到解决。

总公司专利的重新分配

在初始计算中发现的一个问题是，存在一些一般性的非特定产业欧盟经济活动统计分类代码，即"70.10 总公司的活动""64.20 控股公司的活动"和"82.99 其他商务辅助服务活动（未在别处分类）"❶ 就绝对专利密度而言，这些产业分别排名第 2 位、第 3 位和第 27 位。这种现象反映了一种常见的商业做法，即企业将其专利组合集中在总公司，同时总公司也处理所有相关的申请和注册程序。

该商业做法可能扭曲了产业密度分析——某些产业是否比其他产业更容易将专利组合的维护留给控股公司/总公司来完成。这类产业不足以代表一般产业分类。为了解决这一问题，对与 70.10、64.20 和 82.99 相关的更具体产业代码，详细分析如下。

（1）在 PATSTAT – ORBIS 对照表中，确定了与欧盟经济活动统计分类代码 70.10、64.20 和 82.99（9550 个申请人识别）相关的专利申请人（以下简称总公司）。如此确定的企业对应于整个专利申请人群体，而不是只对应于在 2004 ~ 2008 年提出专利申请的申请人。

（2）对每个国家，与总公司有关的信息按下列方式在 ORBIS 中进行检查：

a. 首先，进行搜索，以确定该总公司是否对于该国 ORBIS 数据集内其他公司（子公司）具有 DUO（国内最终拥有人）身份。

如果有 DUO 身份，那么将 ORBIS 的总公司信息与子公司的信息进行匹配，先期过滤出欧盟经济活动统计分类代码为 64.20、70.10 或 82.99 的子公司信息。此外，所有不在原排名中的欧盟经济活动统计分类代码都从数据集内清除。这个程序是为了防止仅仅因为相关产业与提出专利申请的总公司属于同一商业分组，而在专利密度排名中增加新的产业。

下一步，总公司 BvD 按识别码对数据集进行分组，计算了与 DUO 公司相关的专门产业代码，并向每个与总公司相关的子公司分配一个加权数，该加权数等于 1 除以与给定总公司相联的公司数。随后，将代表每个产业的公司数量乘以前面步骤算出的权数，以此计算出产业因子。

b. 如果 a 项的检查没有得出结果，就进行第二次检查，以确定总公司是否具有一个 DUO 号码，这意味着它是通过同一 DUO 代码与其他企业（姐妹公司）相关联的子公司。

如果有 DUO 号码，则提取所有通过同一 DUO 代码而与总公司相关联的企业信息，先期过滤出同一组内欧盟经济活动统计分类代码为 64.20、70.10 和 82.99 的其他企业信息，并从数据集内清除所有不在原排名中的

---

❶ N. e. c. 是国民核算统计的常用缩写形式，表示"未在别处分类"（not elsewhere classified）。

欧盟经济活动统计分类代码。和前面一样，这个程序是为了防止仅仅因为相关产业与提出专利申请的总公司属于同一商业分组，而在专利密度排名中增加新的产业。

同样，数据集按总公司的 BvD 标识号码进行分组，计算同一 DUO 号码（同属一个集团或一个控股公司）关联的不同产业代码数量。在下一步，数据集按总公司的 BvD 标识号码进行分组，计算出与 DUO 企业相关的不同产业代码数量，并为每个与总公司有关的子公司分配一个权数，该权数为"1 除以与给定总公司相关的公司数量"。随后，将代表每个产业的公司数量乘以前面步骤算出的权数，以此计算出产业因子。

根据上述 a 和 b 所述程序，在最初与总公司相关联的所有 7449 个不同专利申请人标识中，有 5434 个申请人标识发现了比最初的"64.20，70.10 和 82.99"更具体的产业代码。对于那些没能发现有更具体产业代码的总公司（共 2015 个不同的专利申请人标识），授权的专利按照分析样本中给定欧盟经济活动统计分类小组的权数，在所有其他欧盟经济活动统计分类小组中重新分配。

总公司商标的重新分配

如果是专利，商标初步计算期间发现的一个问题就是出现一些常规的非专门产业的代码，即，70.10：总公司活动；64.20：控股公司活动及82.99：其他业务配套服务活动等。这些产业在商标总数方面排名高，其中 70.10 排名第一，64.20 排名第二以及 82.99 排名第三。这样看来，和专利相比，企业对商标的知识产权集中管理趋势更为明显。

如果某些产业比其他产业更倾向于将商标组合交由控股公司/总公司来管理，这种做法可能会歪曲产业密度的分析，因为这些产业在一般分类中将不能被充分代表。这个问题也出现在专利中，但对于商标尤为严重，因为总公司占排名中所有商标类别的 10% 以上。

为了避免出现这种潜在的歪曲，这个问题按进行前面描述的方式处理。结果是，在最初与总公司相关联的 9552 个商标（29 658 个商标分类）中，有 15 516 个商标（49 133 个商标分类）发现了更具体的产业代码。对于那些没能发现有更具体产业代码的总公司（19 475 个商标分类），商标按照分析样本中给定欧盟经济活动统计分类小组（class）的权数，在所有其他欧盟经济活动统计分类小组中重新分配。

总公司设计权的重新分配

与专利和商标一样，设计也受到影响，虽然严重程度不一样，也出现一些常规的非专门产业的代码，即，70.10：总公司活动；64.20：控股公司活动及 82.99：其他业务配套服务活动等。这三个产业（合称为总公司）在设计总数方面，分别排名第 7、第 6 及第 22。然而，为了避免分析中的任何潜在失真，对这三类产业的设计也按照与专利和商标相同的方式处理。

结果，在最初与总公司相关联的所有 12618 个设计中，有 7879 个设计发现了更具体的产业代码。对于那些没能发现有更具体产业代码的总公司（4739 个设计），设计按照分析样本中给定"尼斯分类"（NICE class）的权数，在所有其他"尼斯分类"中重新分配。

欧盟经济活动统计分类代码在不同层级的聚类

在某些情况下，ORBIS 为一家公司分配具有较高聚类层级的欧盟经济活动统计分类代码（3 位级的"组"或 2 位级的"类"），同时在欧盟经济活动统计分类分类中，这些代码可以被分解为较低层级的分类（小组）。出于计算原因，ORBIS 为这样的"组"或"类"级代码添加一个或两个零，以便在所有记录中创建 4 位级的"小组"。这种加零创建的"小组"，以下统称为"合成小组"（synthetic class）。

"合成小组"在排名中的另一个来源是，每当 ORBIS 不包含一个小组时，我们使用对照表来检索欧盟经济活动统计分类信息（在 2 位级"类"层面）。

整体而言，这些"合成小组"产业拥有近 6000 项专利。若不考虑"合成小组"相关专利，可能会导致分析的偏差。为了避免这种情况，我们决定，将"合成小组"相关专利在适用的"类"或"组"内的"小组"中进行重新分配，以此解决问题。每当"合成小组"与一个"类"级代码关联时，其专利就按该"类"中给定"小组"的权数，在"类"下的所有欧盟经济活动统计分类"小组"中进行重新分配。每当"合成小组"与一个"组"级代码关联时，其专利按该"组"中给定"小组"的权数，在"组"下的所有欧盟经济活动统计分类"小组"中进行重新分配。

商标和设计也出现这个问题，影响了 13 813 个商标和 8262 个设计，该问题按照与专利相同的方式解决，将受影响的商标和设计在同一"组"或"类"下的欧盟经济活动统计分类"小组"中重新分配。

附加计算的结果是最终的绝对专利密度排名包括 501 个欧盟经济活动统计分类小组，绝对商标密度排名包括 596 个欧盟经济活动统计分类小组，而绝对设计密度排名包括 527 个欧盟经济活动统计分类小组（4 位级）。

11.2 专利密集型产业

表 11-1 专利密集型产业

欧盟经济活动统计分类代码	欧盟经济活动统计分类对应的具体产业	专利/1000 个工作人员
28.24	电动手持工具生产	109.7407
77.40	知识产权及类似产品租赁（受版权保护作品除外）	69.2315
21.10	基本医药产品制造	27.5691
20.59	其他食品制造（未在别处分类）	19.0797
72.11	生物技术研究与实验开发	15.6386
26.70	光学仪器及摄影器材制造	13.6733
26.51	测量、检验及导航仪器和设备制造	13.3490
27.51	家用电器制造	13.1191
28.91	冶金机械制造	12.3325
26.60	放射、电子医学及电子医疗设备制造	12.2604
28.94	纺织、服装和皮革生产机械制造	9.8429
72.19	自然科学和工程学的其他研究与实验开发	9.6509
24.45	其他有色金属生产	9.5625
26.30	通信设备制造	9.3536
26.11	电子元件制造	8.5149
06.20	天然气开采	8.5076
30.99	其他运输设备制造（未在别处分类）	7.9876
20.11	工业气体制造	7.7689
28.95	纸张和纸板制品机械制造	7.5835
30.40	军用战车制造	7.5787
28.99	其他通用机械制造业（未在别处分类）	7.2223
22.11	橡胶轮胎和内胎制造、橡胶轮胎翻新和复原	7.0396
24.34	冷拔丝	6.8067
28.15	轴承、齿轮、传动和驱动部件制造	6.6619
30.30	航空航天器及相关机械制造	6.4605
20.42	香水及卫生间设备制造	5.9670
27.90	其他电气设备制造	5.7360
25.72	锁具及铰链制造	5.7158
28.93	食品、饮料和烟草加工机械制造	5.6632
23.43	陶瓷绝缘陶瓷和绝缘接头制造	5.2842
61.90	其他通信活动	5.0047
28.30	农业和林业机械制造	4.9834
32.30	体育运动商品制造	4.7602

续表

欧盟经济活动统计分类代码	欧盟经济活动统计分类对应的具体产业	专利/1000 个工作人员
27.31	光缆制造	4.7593
20.51	爆炸物制造	4.6498
20.41	肥皂和洗涤剂、清洁和抛光用品制造	4.5471
28.49	其他机械工具制造	4.4931
23.11	平板玻璃制造	4.4152
20.16	初级形状塑胶制造	4.3948
20.13	其他无机基础化学品制造	4.3164
28.29	其他通用机械制造业（未在别处分类）	4.0477
29.32	机动车辆其他零件及配件制造	3.7824
74.90	其他专业、科学和技术活动（未在别处分类）	3.7204
21.20	医药制剂生产	3.5974
29.10	汽车制造	3.1959
26.40	消费电子产品制造	3.0068
30.92	自行车和病人用车制造	2.9853
26.80	磁性和光学介质制造	2.9605
32.50	医疗和牙科器械和用品制造	2.8737
20.20	农药及其他农药产品制造	2.8548
28.14	其他塞子及阀门制造	2.8533
27.20	电池和蓄电池制造	2.8013
25.71	刀具制造	2.7292
28.41	金属成型机械制造	2.6811
30.20	铁路机车和轨道车辆制造	2.6330
28.92	采矿、采石和建筑机械制造	2.6099
28.13	其他泵及压缩机制造	2.6090
32.99	其他制造（未在别处分类）	2.4806
25.40	武器弹药制造	2.4784
23.19	其他玻璃制造及加工，包括工艺玻璃制品	2.4657
22.29	其他塑料产品制造	2.3612
20.14	其他有机基础化学品制造	2.3563
10.89	其他食品制作（未在别处分类）	2.3504
25.93	钢丝制品、链条及弹簧制造	2.3204
29.31	汽车电气和电子设备制造	2.3031
28.25	非家用制冷及通风设备制造	2.2020
24.41	贵金属生产	2.1946
23.99	其他非金属矿物制品制造（未在别处分类）	2.1532

欧盟经济活动统计分类代码	欧盟经济活动统计分类对应的具体产业	专利/1000 个工作人员
20.12	染料和颜料制造	2.1326
25.73	工具制造	2.1081
27.40	电气照明设备制造	2.1053
28.22	起重及装卸设备制造	2.0100
26.20	计算机及外围设备制造	1.9231
22.22	塑料包装用品制造	1.9064
58.29	其他软件出版	1.9060
24.46	核燃料加工	1.8375
28.23	办公机械和设备（电脑及周边设备除外）	1.8242
28.96	塑料及橡胶机械制造	1.8229
30.91	摩托车制造	1.8149
20.60	人造纤维制造	1.8013
22.19	其他橡胶制品制造	1.7433
23.14	玻璃纤维制造	1.7071
17.22	家用卫生洁具及洗手间其他必需品制造	1.6843
13.94	绳、索、合股线及网制造	1.6044
10.83	茶叶和咖啡加工	1.6008
20.52	胶水制造	1.5288
46.75	化工产品批发	1.5055
46.69	其他机械和设备批发	1.4938
13.95	无纺布及无纺布制品制造，服装除外	1.4835
07.29	其他有色金属矿的开采	1.4748
25.92	轻金属包装制造	1.4595
09.10	石油和天然气开采辅助活动	1.4447
46.46	医药品批发	1.4441
23.44	其他技术陶瓷制品制造	1.4436
26.52	手表和钟表制造	1.4360
27.11	电动机、发电机和变压器制造	1.4238
25.94	紧固件和螺丝机械产品制造	1.4226
06.10	原油开采	1.3809
27.32	其他电子和电气导线及电缆制造	1.3316
26.12	加载电子板制造	1.2971
28.12	液力设备制造	1.2868
29.20	机动车辆车身制造：拖车、半拖车制造	1.2730
22.21	塑料板材、片材、管材和型材制造	1.2408

续表

欧盟经济活动统计分类代码	欧盟经济活动统计分类对应的具体产业	专利/1000 个工作人员
25.99	其他焊接金属制品制造（未在别处分类）	1.2355
71.20	技术测试和分析	1.1923
23.91	磨料制品生产	1.1789
71.12	工程活动及相关技术咨询	1.1776
27.12	配电及控制设备制造	1.1581
28.21	烘炉、熔炉及熔炉烧嘴制造	1.1500
33.20	工业机械设备安装	1.1464
14.11	皮衣生产	1.1281
72.20	社会科学和人文研究和实验开发	1.0914
25.30	蒸汽发生器制造，中央供暖热水锅炉除外	1.0683
32.91	扫把和刷子制造	1.0580
46.14	机械、工业设备、船舶和飞机销售代理	1.0419
28.11	发动机和涡轮机制造，飞机、汽车及摩托车发动机除外	0.9816
61.30	卫星通信活动	0.9558
10.41	油脂制造	0.9421
32.40	游戏和玩具制造	0.9222
23.65	纤维水泥制造	0.9014
17.12	纸张纸板生产	0.8924
31.03	床垫制造	0.8580
45.31	机动车零件及配件批发贸易	0.8552
46.43	电气家用电器批发	0.8463
33.19	其他设备修理	0.8442
20.30	油漆、清漆及类似涂料、印刷油墨和胶粘剂制造	0.8259
25.50	金属锻造、压制、压印及辊压成形；粉末冶金	0.7866
20.53	精油制造	0.7843
25.91	钢桶及类似容器制造	0.7735
27.33	配线设备制造	0.7719
13.99	其他纺织品制造（未在别处分类）	0.7701
12.00	烟草制品制造	0.7343
46.12	燃料、矿石、金属和工业化学品销售代理	0.7303
46.62	机械工具批发	0.7113
61.20	无线通信活动	0.7063
24.42	铝生产	0.7057
17.29	其他纸和纸板制品制造	0.7047
22.23	塑料建筑用器具制造	0.7022
46.15	家具、家居用品、五金器具销售代理	0.6967

11.3　商标密集型产业

表 11 - 2　商标密集型产业

欧盟经济活动 统计分类代码	欧盟经济活动统计分类对应的具体产业	商标/1000 个 工作人员
77.40	知识产权及类似产品租赁（受版权保护作品除外）	212.2154
21.10	基本医药产品制造	38.8062
11.02	葡萄酒制作	38.7819
72.11	生物技术研究与实验开发	35.9067
20.42	香水及卫生间设备制造	32.3966
26.60	放射、电子医学及电子医疗设备制造	27.0755
30.99	其他运输设备制造（未在别处分类）	26.6333
32.40	游戏和玩具制造	26.2134
32.30	体育运动商品制造	25.5158
61.90	其他通信活动	25.4622
58.21	计算机游戏出版	25.0539
11.01	白酒蒸馏、精馏及调和	24.4711
59.13	电影、视频及电视节目发行活动	24.3534
63.12	门户网站	24.3202
17.24	墙纸生产	23.4175
24.45	其他有色金属生产	22.6964
32.99	其他制造（未在别处分类）	22.5397
10.73	通心粉、面条、方便面和类似的粉面制品制作	22.1695
18.11	报纸印刷	21.5056
59.20	录音及音乐出版活动	21.2633
58.29	其他软件出版	20.7077
20.59	其他食品制造（未在别处分类）	20.4070
10.83	茶叶和咖啡加工	19.8045
10.86	均质调制食品和营养食品制作	19.0495
26.52	手表和钟表制造	18.8470
20.30	油漆、清漆及类似涂料、印刷油墨和胶粘剂制造	17.7452
20.20	农药及其他农药产品制造	17.5340
10.92	精制宠物食品生产	17.1965
58.11	书籍出版	17.0897
11.03	苹果酒和其他果酒制作	16.6607
23.49	其他陶瓷产品制造	16.5271
46.45	香水和化妆品批发	16.4938
24.41	贵金属生产	16.3430

续表

欧盟经济活动统计分类代码	欧盟经济活动统计分类对应的具体产业	商标/1000 个工作人员
46. 42	衣物和鞋履的制造	16. 0696
10. 89	其他食品制造（未在别处分类）	16. 0696
62. 09	其他信息技术和计算机服务活动	15. 3635
58. 12	地址目录及邮寄表出版	15. 2067
20. 52	胶水制造	15. 2024
72. 19	自然科学和工程学的其他研究与实验开发	15. 0007
21. 20	医药制剂生产	14. 9879
82. 30	会议和贸易展览组织	14. 8987
20. 41	肥皂和洗涤剂、清洁和抛光用品制造	14. 6800
30. 91	摩托车制造	14. 6779
20. 11	工业气体制造	14. 6279
11. 04	其他非蒸馏酿造饮料生产	14. 4659
13. 95	无纺布及无纺布制品制造，服装除外	14. 2909
59. 11	电影、视频及电视节目制作活动	14. 2308
27. 51	家用电器制造	14. 1201
46. 37	咖啡、茶叶、可可和香料批发	13. 7984
46. 48	手表和珠宝批发	13. 6442
30. 92	自行车和病人用车制造	13. 4221
46. 43	电气家用电器批发	13. 1173
20. 17	初级形状合成橡胶制造	12. 9731
23. 11	平板玻璃制造	12. 5344
68. 10	自有房地产买卖	12. 3048
26. 70	光学仪器及摄影器材制造	12. 2972
25. 71	刀具制造	12. 0696
10. 41	油脂制造	11. 8352
58. 14	杂志期刊出版	11. 7910
13. 99	其他纺织品制造（未在别处分类）	11. 7755
60. 20	电视节目制作及广播活动	11. 7749
14. 11	皮衣生产	11. 7475
79. 12	旅游经营活动	11. 7335
74. 90	其他专业、科学和技术活动（未在别处分类）	11. 7123
46. 41	纺织品批发	11. 6009
28. 91	冶金机械制造	11. 2314
46. 49	其他家用商品批发	11. 1465
23. 43	陶瓷绝缘陶瓷和绝缘接头制造	10. 9993

欧盟经济活动统计分类代码	欧盟经济活动统计分类对应的具体产业	商标/1000 个工作人员
46.34	饮料批发	10.8906
70.21	公共关系及通信活动	10.8769
14.19	其他服装服饰生产	10.8456
09.10	石油和天然气开采辅助活动	10.8120
11.06	麦芽酒生产	10.6980
06.10	原油开采	10.5981
10.32	水果蔬菜汁生产	10.4553
46.24	牛羊皮和皮革批发	10.3716
46.90	非专业化批发贸易	10.2989
19.20	精炼石油产品制造	10.2565
26.80	磁性和光学介质制造	10.2560
11.05	啤酒生产	10.2145
31.03	床垫制造	10.1743
46.46	医药品批发	10.1432
28.14	其他塞子及阀门制造	10.0438
26.20	计算机及外围设备制造	10.0404
23.42	陶瓷卫生设备制造	9.9644
27.90	其他电气设备制造	9.9148
46.76	其他中间产品批发	9.7124
46.75	化工产品批发	9.6925
47.91	通过邮购商店和网络的零售	9.6639
10.52	冰淇淋制作	9.6459
32.20	乐器制造	9.6174
77.35	航空运输设备租借和出租	9.6047
10.81	糖的制作	9.5912
58.19	其他出版活动	9.2139
28.23	办公机械和设备（电脑及周边设备除外）	9.0334
11.07	软饮料制造；矿泉水和其他瓶装水生产	8.8434
46.38	其他食品批发，包括鱼类、甲壳类和贝类批发	8.8419
26.51	测量、检验及导航仪器和设备制造	8.8200
14.20	毛皮制品生产	8.8130
46.11	农业原材料、活体动物、纺织原材料和半成品销售代理	8.7656
10.82	可可、巧克力和糖果制作	8.7277
23.99	其他非金属矿物制品制造（未在别处分类）	8.6739
62.01	计算机编程活动	8.6470

续表

欧盟经济活动统计分类代码	欧盟经济活动统计分类对应的具体产业	商标/1000 个工作人员
13.94	绳、索、合股线及网制造	8.4779
41.10	建设项目开发	8.4229
74.10	专业设计活动	8.3636
59.12	电影、视频及电视节目后期制作活动	8.3498
08.99	其他采矿采石（未在别处分类）	8.3136
28.93	食品、饮料和烟草加工机械制造	8.2518
26.11	电子元件制造	8.2341
20.15	肥料和氮化合物制造	8.2327
62.03	计算机设施管理活动	8.2206
23.64	混凝土制造	8.1728
26.30	通信设备制造	8.1491
32.91	扫把和刷子制造	8.1237
30.12	游船和运动船建造	7.9613
46.47	家具、地毯及照明设备批发	7.9548
46.14	机械、工业设备、船舶和飞机销售代理	7.9511
27.40	电气照明设备制造	7.9115
17.22	家用卫生洁具及洗手间其他必需品制造	7.8351
28.99	其他通用机械制造业（未在别处分类）	7.8228
10.84	调味品和调味料制造	7.8031
23.62	建筑用石膏制品制造	7.8027
28.13	其他泵及压缩机制造	7.7962
46.64	纺织器械和缝纫编制机器批发	7.6502
70.22	商业及其他管理咨询活动	7.4743
77.33	办公机器设备租借和出租（包括电脑）	7.2809
46.44	瓷器、玻璃器皿和清洁用品批发	7.2724
17.23	纸品文具生产	7.2637
46.33	奶制品、蛋和食用油脂批发	7.2035
23.19	其他玻璃制造及加工，包括工艺玻璃制品	7.1824
28.24	电动手持工具生产	7.1787
13.91	针织及钩编织物制造	7.1658
24.32	窄带钢冷轧	6.9940
20.13	其他无机基础化学品制造	6.9804
79.11	旅行社活动	6.8811
25.21	中央供暖散热片及锅炉制造	6.8129
46.36	糖、巧克力和甜食批发	6.7676

欧盟经济活动统计分类代码	欧盟经济活动统计分类对应的具体产业	商标/1000 个工作人员
20.53	精油制造	6.7343
15.12	皮箱、手提包和类似物品、马鞍及马具制造	6.7288
32.12	珠宝和相关物品制造	6.7085
12.00	烟草制品制造	6.6999
32.50	医疗和牙科器械和用品制造	6.6877
24.52	钢铸造	6.6855
23.69	其他混凝土、石膏和水泥物品制造	6.6368
46.18	其他特殊产品专业销售代理	6.5509
23.91	磨料制品生产	6.5313
28.21	烘炉、熔炉及熔炉烧嘴制造	6.5267
26.40	消费电子产品制造	6.5109
10.51	奶制品和奶酪制作	6.4615
60.10	广播	6.4420
10.42	人造黄油和类似食用油脂制作	6.4378
25.72	锁具及铰链制造	6.4313
45.31	机动车零件及配件批发贸易	6.4293
28.29	其他通用机械制造业（未在别处分类）	6.3696
23.65	纤维水泥制造	6.3527
73.20	市场研究与民意测验	6.3317
63.99	其他信息服务活动等	6.3225
32.13	仿制珠宝和相关物品制造	6.3115
15.20	鞋类生产	6.2916
10.62	淀粉及淀粉制品生产	6.2662
72.20	社会科学和人文研究和实验开发	6.1379
20.16	初级形状塑胶制造	6.0708
46.22	花卉批发	6.0086
25.30	蒸汽发生器制造，中央供暖热水锅炉除外	5.8792
46.39	食品、饮料和烟草非专业批发	5.8725
46.17	食品、饮料和烟草销售代理	5.8674
18.20	记录媒介的复制	5.8246
22.29	其他塑料产品制造	5.8096
20.12	染料和颜料制造	5.7440
46.69	其他机械和设备批发	5.6368
92.00	博彩和投注活动	5.6242
20.51	爆炸物制造	5.6148

续表

欧盟经济活动统计分类代码	欧盟经济活动统计分类对应的具体产业	商标/1000 个工作人员
82.11	联合办公管理服务活动	5.5508
10.91	家畜精制饲料生产	5.5409
22.23	塑料建筑用器具制造	5.5262
25.92	轻金属包装制造	5.5069
23.31	瓷砖制造	5.4891
20.60	人造纤维制造	5.4610
13.20	纺织品织造	5.4471
13.93	地毯制造	5.2987
28.30	农业和林业机械制造	5.2705
24.34	冷拔丝	5.2348
46.19	百货销售代理	5.2260
46.16	纺织、服装、皮草、鞋类和皮革制品销售代理	5.1711
22.11	橡胶轮胎和内胎制造、橡胶轮胎翻新和复原	5.1708
25.99	其他焊接金属制品制造（未在别处分类）	5.1528
28.92	采矿、采石和建筑机械制造	5.1095
50.20	海上或沿海水路货运	5.1001
25.73	工具制造	5.0610
23.44	其他技术陶瓷制品制造	5.0574
17.29	其他纸和纸板制品制造	5.0209
13.10	织物纤维制备和纺纱	4.9342
23.14	玻璃纤维制造	4.8693
73.11	广告代理	4.8281
16.22	组装镶花地板生产	4.8142
46.74	五金、管道和供暖设备和用品批发	4.8083
63.91	新闻机构活动	4.7974
10.39	水果和蔬菜的其他加工和保存	4.7503
61.20	无线通信活动	4.6796
17.12	纸张纸板生产	4.6662
23.20	耐火产品制造	4.6261
45.40	摩托车和相关零件及配件销售、保养和维修	4.6254
10.61	谷物磨制品制造	4.6247
30.40	军用战车制造	4.5924
46.15	家具、家居用品、五金器具销售代理	4.5350
14.13	其他外衣生产	4.4636
14.31	针织袜类生产	4.4574

欧盟经济活动统计分类代码	欧盟经济活动统计分类对应的具体产业	商标/1000 个工作人员
28.25	非家用制冷及通风设备制造	4.4538
20.14	其他有机基础化学品制造	4.4484
14.12	工作服生产	4.4156
63.11	数据处理、储存和相关活动	4.4108
33.19	其他设备修理	4.3995
46.13	木材和建筑材料销售代理	4.3989
46.31	果蔬批发	4.3547
08.93	盐的提取	4.3451
13.92	纺织制成品制造，服装除外	4.3400
22.21	塑料板材、片材、管材和型材制造	4.2903
46.52	电子和通信设备及备件批发	4.2897
47.19	其他非专卖店零售	4.2510
47.74	专门店医疗和矫形商品零售	4.2289
08.91	化学和肥料矿物开采	4.2230
08.11	观赏和建筑石材、石灰石、石膏、白垩和石板开采	4.2157
28.49	其他机械工具制造	4.2034
77.39	其他机械设备和有形商品租借和出租（未在别处分类）	4.2032
29.10	汽车制造	4.1614
66.00	金融服务及保险活动辅助活动	4.1499
27.32	其他电子和电气导线及电缆制造	4.1486
25.94	紧固件和螺丝机械产品制造	4.1331
61.30	卫星通信活动	4.1169
14.39	其他针织编织服装生产	4.0362
50.10	海上或沿海水路客运	3.9837
46.12	燃料、矿石、金属和工业化学品销售代理	3.9735
24.33	冷成型或冷弯	3.9615
22.22	塑料包装用品制造	3.9506
28.95	纸张和纸板制品机械制造	3.9247
31.01	办公和商店家具制造	3.9215
28.41	金属成型机械制造	3.9208
51.10	航空客运	3.8932
27.52	非电子家电制造	3.8331
17.11	纸浆生产	3.8181
25.93	钢丝制品、链条及弹簧制造	3.7940
47.75	专门店化妆和盥洗用品零售	3.7922

续表

欧盟经济活动统计分类代码	欧盟经济活动统计分类对应的具体产业	商标/1000 个工作人员
46.21	粮食、未加工烟草、种子和动物饲料批发	3.7743
46.51	电脑、计算机外国设备和软件批发	3.7491
47.51	专门店纺织品零售	3.7420
46.72	金属和金属矿批发	3.7058
27.20	电池和蓄电池制造	3.7053
93.00	体育活动和娱乐休闲活动❶	3.6983
46.65	办公家具批发	3.6929
16.21	层压板和人造板生产	3.6688
46.62	机械工具批发	3.5978
23.41	陶瓷家用和装饰品制造	3.5851
46.71	固体、液体和气体燃料及相关产品批发	3.5411
62.02	计算机咨询活动	3.5254
14.14	内衣生产	3.5223
23.32	烧制的泥土制成的砖、瓦片和建筑产品的制造	3.5062
13.30	纺织品的染整	3.4689
10.20	鱼类、甲壳类和贝类的加工和保存	3.4632
47.65	专门店游戏和玩具零售	3.4527
28.15	轴承、齿轮、传动和驱动部件制造	3.4476
46.32	肉类和肉制品批发	3.4204
10.72	面包干和饼干制作；长久保存的糕饼及蛋糕制作	3.3913
28.22	起重及装卸设备制造	3.3741
77.12	卡车租借和出租	3.3674
23.13	中空玻璃制造	3.3616
68.20	自有或租入房地产租赁及运营	3.3161
47.41	专门店电脑、外国设备和软件零售	3.3132
22.19	其他橡胶制品制造	3.3093
73.12	媒体展示	3.2655
10.13	肉类和家禽肉类产品生产	3.2537
16.29	其他木制品、软木制品、草编制品及编织材料生产	3.2534
47.99	其他非商店、摊位或市场内的零售	3.2421
47.25	专门店饮料零售	3.2322
25.40	武器弹药制造	3.2083
51.20	航空航天货运	3.1943

❶ 本子部产业 93.29（其他游乐休闲活动）使用意大利、西班牙及英国数据计算。

11.4　设计密集型产业

表11-3　设计密集型产业

欧盟经济活动统计分类代码	欧盟经济活动统计分类对应的具体产业	设计/1000 个工作人员
26.52	手表和钟表制造	90.6758
77.40	知识产权及类似产品租赁（受版权保护作品除外）	78.5878
25.71	刀具制造	70.2333
23.41	陶瓷家用和装饰品制造	66.2383
46.48	手表和珠宝批发	39.7972
27.40	电气照明设备制造	39.1796
28.24	电动手持工具生产	36.9768
14.11	皮衣生产	35.5173
32.30	体育运动商品制造	30.7923
27.51	家用电器制造	29.0717
32.40	游戏和玩具制造	26.2481
28.14	其他塞子及阀门制造	25.2112
23.49	其他陶瓷产品制造	24.3616
32.99	其他制造（未在别处分类）	23.6981
23.42	陶瓷卫生设备制造	23.0453
46.47	家具、地毯及照明设备批发	22.1690
30.99	其他运输设备制造（未在别处分类）	22.1341
25.72	锁具及铰链制造	21.5714
46.42	衣物和鞋履的制造	19.6549
17.22	家用卫生洁具及洗手间其他必需品制造	17.0849
46.15	家具、家居用品、五金器具销售代理	16.6784
74.10	专业设计活动	16.1545
31.09	其他家具生产	15.5346
28.93	食品、饮料和烟草加工机械制造	15.4963
46.43	电气家用电器批发	14.3724
15.20	鞋类生产	13.5503
20.41	肥皂和洗涤剂、清洁和抛光用品制造	13.3925
32.91	扫把和刷子制造	13.1620
23.69	其他混凝土、石膏和水泥物品制造	12.2293
17.24	墙纸生产	12.2002
46.49	其他家用商品批发	12.0160
15.12	皮箱、手提包和类似物品、马鞍及马具制造	11.7208
25.21	中央供暖散热片及锅炉制造	11.5269

续表

欧盟经济活动统计分类代码	欧盟经济活动统计分类对应的具体产业	设计/1000 个工作人员
32.12	珠宝和相关物品制造	11.5145
32.13	仿制珠宝和相关物品制造	11.4811
46.44	瓷器、玻璃器皿和清洁用品批发	11.2804
14.14	内衣生产	10.6258
23.65	纤维水泥制造	10.4286
26.70	光学仪器及摄影器材制造	10.2794
13.92	纺织制成品制造，服装除外	10.2381
25.99	其他焊接金属制品制造（未在别处分类）	10.0078
13.20	纺织品织造	9.9055
23.19	其他玻璃制造及加工，包括工艺玻璃制品	9.8934
13.93	地毯制造	9.2987
22.22	塑料包装用品制造	8.4103
31.01	办公和商店家具制造	8.3852
27.52	非电子家电制造	8.3698
46.41	纺织品批发	8.2564
13.91	针织及钩编织物制造	8.1904
31.02	厨房家具制造	7.9670
17.12	纸张纸板生产	7.9444
25.92	轻金属包装制造	7.9343
30.92	自行车和病人用车制造	7.7819
14.12	工作服生产	7.6336
20.42	香水及卫生间设备制造	7.4713
22.29	其他塑料产品制造	7.3448
26.40	消费电子产品制造	7.1789
14.19	其他服装服饰生产	7.0665
26.60	放射、电子医学及电子医疗设备制造	6.9426
32.20	乐器制造	6.8511
13.96	其他工艺及工业纺织品织造	6.8329
26.30	通信设备制造	6.5551
27.90	其他电气设备制造	6.3299
23.31	瓷砖制造	5.8258
16.29	其他木制品、软木制品、草编制品及编织材料生产	5.6283
46.65	办公家具批发	5.3709
31.03	床垫制造	5.1134
10.83	茶叶和咖啡加工	5.0838

欧盟经济活动统计分类代码	欧盟经济活动统计分类对应的具体产业	设计/1000 个工作人员
22.23	塑料建筑用器具制造	4.7619
17.23	纸品文具生产	4.6158
46.90	非专业化批发贸易	4.5315
10.73	通心粉、面条、方便面和类似的粉面制品制造	4.5144
21.10	基本医药产品制造	4.5078
28.29	其他通用机械制造业（未在别处分类）	4.5075
26.51	测量、检验及导航仪器和设备制造	4.4596
11.03	苹果酒和其他果酒制造	4.4021
25.94	紧固件和螺丝机械产品制造	4.3927
47.65	专门店游戏和玩具零售	4.2730
29.20	机动车辆车身制造：拖车、半拖车制造	4.1536
23.70	石材切割、整形和加工	4.1307
20.59	其他食品制造（未在别处分类）	4.0895
23.99	其他非金属矿物制品制造（未在别处分类）	4.0235
32.50	医疗和牙科器械和用品制造	3.9935
23.91	磨料制品生产	3.8128
11.01	白酒蒸馏、精馏及调和	3.8052
28.21	烘炉、熔炉及熔炉烧嘴制造	3.8000
30.91	摩托车制造	3.7976
25.73	工具制造	3.7562
47.59	专门店家具、照明设备和其他家居用品零售	3.6871
46.45	香水和化妆品批发	3.5574
22.19	其他橡胶制品制造	3.5145
23.11	平板玻璃制造	3.4629
72.19	自然科学和工程学的其他研究与实验开发	3.4233
46.76	其他中间产品批发	3.3639
29.10	汽车制造	3.3297
23.13	中空玻璃制造	3.2915
46.69	其他机械和设备批发	3.2493
26.11	电子元件制造	3.2376
10.32	水果蔬菜汁生产	3.2190
28.13	其他泵及压缩机制造	3.2028
46.74	五金、管道和供暖设备和用品批发	3.1889
24.45	其他有色金属生产	3.1374
14.31	针织袜类生产	3.0680

续表

欧盟经济活动统计分类代码	欧盟经济活动统计分类对应的具体产业	设计/1000 个工作人员
28.99	其他通用机械制造业（未在别处分类）	3.0544
17.29	其他纸和纸板制品制造	3.0123
27.12	配电及控制设备制造	3.0000
18.13	印前和预媒体服务	2.9783
46.72	金属和金属矿批发	2.9638
22.11	橡胶轮胎和内胎制造、橡胶轮胎翻新和复原	2.9377
46.18	其他特殊产品专业销售代理	2.8820
28.94	纺织、服装和皮革生产机械制造	2.8327
10.82	可可、巧克力和糖果制作	2.7915
16.22	组装镶花地板生产	2.7827
25.12	金属门窗制造	2.7732
61.90	其他通信活动	2.7229
12.00	烟草制品制造	2.6823
22.21	塑料板材、片材、管材和型材制造	2.6477
74.90	其他专业、科学和技术活动（未在别处分类）	2.6418
26.20	计算机及外围设备制造	2.6184
73.11	广告代理	2.5995
10.84	调味品和调味料制造	2.5879
68.10	自有房地产买卖	2.5358
11.07	软饮料制造；矿泉水和其他瓶装水生产	2.5234
10.92	精制宠物食品生产	2.4992
16.23	其他建筑木器和细木工制品生产	2.4777
24.42	铝生产	2.4740
46.36	糖、巧克力和甜食批发	2.4240
28.30	农业和林业机械制造	2.3881
13.30	纺织品的染整	2.3093
20.20	农药及其他农药产品制造	2.3031
20.30	油漆、清漆及类似涂料、印刷油墨和胶粘剂制造	2.2876
46.13	木材和建筑材料销售代理	2.2115
23.32	烧制的泥土制成的砖、瓦片和建筑产品的制造	2.1953
72.11	生物技术研究与实验开发	2.1797
28.91	冶金机械制造	2.1615
20.16	初级形状塑胶制造	2.1488
16.21	层压板和人造板生产	2.1396
47.77	专门店手表和珠宝零售	2.1353
13.99	其他纺织品制造（未在别处分类）	2.1231
26.80	磁性和光学介质制造	2.0950
13.94	绳、索、合股线及网制造	2.0927
30.20	铁路机车和轨道车辆制造	2.0859
23.14	玻璃纤维制造	2.0321

续表

欧盟经济活动统计分类代码	欧盟经济活动统计分类对应的具体产业	设计/1000 个工作人员
70.21	公共关系及通信活动	2.0175
95.24	家具和家庭摆设修理	2.0170
27.20	电池和蓄电池制造	1.9861
27.33	配线设备制造	1.9815
47.91	通过邮购商店和网络的零售	1.9669
55.90	其他住宿产业	1.9571
28.25	非家用制冷及通风设备制造	1.9469
11.04	其他非蒸馏酿造饮料生产	1.9362
46.63	采矿、建筑和土木工程机械批发	1.9335
27.32	其他电子和电气导线及电缆制造	1.9316
14.20	毛皮制品生产	1.8414
25.93	钢丝制品、链条及弹簧制造	1.8356
32.11	硬币铸造	1.8313
13.95	无纺布及无纺布制品制造，服装除外	1.7599
29.32	机动车辆其他零件及配件制造	1.7551
14.39	其他针织编织服装生产	1.7452
46.14	机械、工业设备、船舶和飞机销售代理	1.7149
46.52	电子和通信设备及备件批发	1.6876
10.52	冰淇淋制造	1.6808
59.20	录音及音乐出版活动	1.6534
14.13	其他外衣生产	1.6461
24.41	贵金属生产	1.6351

11.5 植物品种权密集型产业

表 11-4 植物品种权密集型产业

欧盟经济活动统计分类代码	欧盟经济活动统计分类对应的具体产业	植物品种权/1000 个工作人员
00.00	园艺	不适用
46.11	农业原材料、活体动物、纺织原材料和半成品销售代理	2.37
46.21	粮食、未加工烟草、种子和动物饲料批发	2.22
46.22	花卉植物批发	4.51
72.11	生物技术研究与实验开发	6.20
77.40	知识产权及类似产品租赁（受版权保护作品除外）	29.03

12. 附件：根据世界知识产权组织方法划分的版权密集型产业

如第 6 章所述，该部分列出的版权密集型产业以世界知识产权组织（WIPO）的方法为基础。本附录中，将详述世界知识产权局（2003 年）确定的标准方法。

WIPO 将版权密集型产业划分为 4 大类：

- 核心版权产业；
- 相互依存；
- 部分版权产业；
- 边缘版权产业。

12.1 核心版权产业

WIPO 定义的核心版权密集型产业，是完全从事作品和其他受保护内容的创作、生产和制造、表演、广播、交流、展览或发行及销售的产业。

根据 WIPO 的定义，核心版权产业作为一个类别，如果没有作品或其他内容中的版权，将不会存在，或将会面目全非。因此，这些产业创造的所有增加值和就业，都应视为版权对经济的贡献。

因此，总体上，世界知识产权将表 12 - 1 中所列 49 个产业确定为产权密集型产业。

表 12 - 1　世界知识产权组织（WIPO）界定的核心版权密集型产业列表

欧盟经济活动统计分类代码	欧盟经济活动统计分类对应的具体产业
58.11	书籍出版
58.13	报纸出版
58.14	杂志期刊出版
58.19	其他出版活动
58.21	计算机游戏出版
58.29	其他软件出版
59.11	电影、视频及电视节目制作活动

欧盟经济活动统计分类代码	欧盟经济活动统计分类对应的具体产业
59.12	电影、视频及电视节目后期制作活动
59.13	电影、视频及电视节目发行活动
59.14	电影放映活动
59.20	录音及音乐出版活动
60.10	广播
60.20	电视节目制作及广播活动
61.20	无线通信活动
62.01	计算机编程活动
62.02	计算机咨询活动
62.03	计算机设施管理活动
62.09	其他信息技术和计算机服务活动
63.12	门户网站
63.91	新闻机构活动
63.99	其他信息服务活动等
73.11	广告代理
73.12	媒体展示
74.10	专业设计活动
74.20	摄影活动
74.30	笔译和口译活动
90.01	表演艺术
90.02	表演艺术配套活动
90.03	艺术创作
91.01	图书馆及档案活动
93.29	其他游乐休闲活动
18.11	报纸印刷
18.12	其他印刷
18.13	印前和预媒体服务
18.14	装订及相关服务
18.20	记录媒介的复制
18.14	装订及相关服务
18.20	记录媒介的复制
47.61	专门店书籍的零售销售
47.62	专门店报纸和文具零售销售
47.63	专门店音乐和音像零售销售
61.10	有线通信活动

续表

欧盟经济活动 统计分类代码	欧盟经济活动统计分类对应的具体产业
61.30	卫星通信活动
61.90	其他通信活动
63.11	数据处理、储存和相关活动
79.90	其他预订服务及相关活动
82.19	复印、文件编制和其他专业化办公支持活动
85.52	文化教育
90.04	艺术机构的运营
93.21	游乐园及主题乐园活动
94.12	专业成员组织的活动

12.2 非核心版权产业

除了核心版权产业，WIPO 还定义了三组与版权产业有一定相关度的产业：相互依存的版权产业、部分版权产业和边缘版权产业。由于这些产业都只是部分从事与版权相关的活动，只有部分就业和增加值应属于版权密集型。这三组产业的定义如下。

相互依存的版权产业是指从事生产、制造和销售某种设备的产业，这种设备的全部或主要功能是促进作品和其他受保护内容的创造、生产或使用。

部分版权产业是指部分活动与作品和其他受保护内容有关，并可能涉及创作、生产和制造、表演、广播、传播和展览或发行和销售的产业。

边缘版权产业是指部分活动与促进作品和其他受保护内容的播放、传播、发行或销售有关的产业，并且这些活动未包含在核心版权产业中。

为反映每个非核心产业的活动仅有一部分与版权相关的情况，我们为每个产业都分配了一个因子。该因子用于在列表显示非核心版权产业对经济的总体贡献时，量化该产业的就业和增加值贡献率。分配给每个相互依存、部分和边缘产业的版权因子，引用自荷兰的一份研究《荷兰版权产业的经济贡献》❶ 和芬兰的一份研究《2005～2008 年芬兰版权产业的经济贡献》❷，这两份研究报告都发表于 2011 年。这两份研究被许多人认为具有权威性，可从 WIPO 获取。

---

❶ http：//www.wipo.int/export/sites/www/copyright/en/performance/pdf/econ_contribution_cr_nl.pdf.

❷ http：//www.wipo.int/export/sites/www/copyright/en/performance/pdf/econ_contribution_cr_fi.pdf.

表 12-2 显示了相互依存的版权产业列表及分配给每个产业的因子。

表 12-2　相互依存的版权密集型产业

欧盟经济活动统计分类代码	欧盟经济活动统计分类对应的具体产业	因素
17.11	纸浆生产	25.0%
17.12	纸张纸板生产	25.0%
20.59	其他食品制造（未在别处分类）	25.0%
28.23	办公机械和设备（电脑及周边设备除外）	30.0%
26.20	计算机及外围设备制造	30.0%
26.30	通信设备制造	30.0%
26.40	消费电子产品制造	30.0%
26.70	光学仪器及摄影器材制造	30.0%
27.31	光缆制造	30.0%
32.20	乐器制造	35.0%
46.43	电气家用电器批发	19.0%
46.76	其他中间产品批发	25.0%
46.51	电脑、计算机外国设备和软件批发	30.0%
46.52	电子和通信设备及备件批发	25.0%
46.66	其他办公机器设备批发	30.0%
47.43	专门店音像设备零售	33.3%
47.41	专门店电脑、外国设备和软件零售	33.3%
47.78	专门店其他新商品零售	33.3%
77.33	办公机器设备租借和出租（包括电脑）	35.0%
77.39	其他机械设备和有形商品租借和出租（未在别处分类）	20.0%
77.22	录像带和光盘租赁	20.0%
77.29	其他个人家庭用品租赁	20.0%

基于这 22 个产业因子的平均数可以得出结论：相互依存的版权产业 28% 的就业和增加值可视为与版权有关。

表 12-3 显示了 WIPO 界定的 42 个部分版权密集型产业及其因子。

表 12-3　部分版权密集型产业

欧盟经济活动统计分类代码	欧盟经济活动统计分类对应的具体产业	因素
13.91	针织及钩编织物制造	0.55%
14.31	针织袜类生产	0.55%
14.39	其他针织编织服装生产	0.55%
16.29	其他木制品、软木制品、草编制品及编织材料生产	0.55%

续表

欧盟经济活动 统计分类代码	欧盟经济活动统计分类对应的具体产业	因素
23.11	平板玻璃制造	0.55%
23.13	中空玻璃制造	0.55%
23.19	其他玻璃制造及加工，包括工艺玻璃制品	0.55%
25.71	刀具制造	0.55%
25.99	其他焊接金属制品制造（未在别处分类）	0.55%
47.53	专门店地毯、墙壁地板铺装物零售	0.55%
47.59	专门店家具、照明设备和其他家居用品零售	0.55%
13.93	地毯制造	1.90%
17.23	纸品文具生产	1.90%
17.24	墙纸生产	1.90%
13.92	纺织制成品制造，服装除外	2.70%
14.11	皮衣生产	2.70%
14.12	工作服生产	2.70%
14.13	其他外衣生产	2.70%
14.14	内衣生产	2.70%
14.19	其他服装服饰生产	2.70%
15.20	鞋类生产	2.70%
46.41	纺织品批发	2.70%
46.42	衣物和鞋履的制造	2.70%
47.51	专门店纺织品零售	2.70%
47.71	专门店服装零售销售	2.70%
47.72	专门店鞋类及皮具零售销售	2.70%
46.44	瓷器、玻璃器皿和清洁用品批发	5.00%
46.47	家具、地毯及照明设备批发	5.00%
46.48	手表和珠宝批发	5.00%
46.49	其他家用商品批发	5.00%
31.01	办公和商店家具制造	6.70%
31.02	厨房家具制造	6.70%
31.03	床垫制造	6.70%
31.09	其他家具生产	6.70%
71.11	建筑活动	9.00%
71.12	工程活动及相关技术咨询	9.00%
32.11	硬币铸造	33.50%
32.12	珠宝和相关物品制造	33.50%
94.99	其他会员组织活动（未在别处分类）	41.00%
32.40	游戏和玩具制造	46.00%
91.02	博物馆活动	50.00%
91.03	历史遗址建筑及类似旅游景区运营	50.00%

这些产业活动中，只有可归于版权作品和其他受保护内容的部分（比例从 0.55% 到 50% 不等），应计入部分版权产业对就业和增加值的贡献。例如，博物馆活动以及游戏和玩具制造都涉及相当多的版权成分，但对于像地毯制造或家具批发这样一些产业，就业和增加值中只有很小一部分与版权活动或受版权保护材料直接相关。

最后，边缘版权产业如表 12-4 所示。

表 12-4 边缘版权密集型产业

欧盟经济活动统计分类代码	欧盟经济活动统计分类对应的具体产业	因素
46.1	基于收费或合同基础的批发	6%
46.4	家庭用品的批发	6%
46.6	其他机械、设备和用品的批发	6%
46.9	非专业化批发贸易	6%
47.1	非专门店零售	6%
47.4	专卖店信息和通信设备零售	6%
47.5	专门店其他家用设备零售	6%
47.7	专门店其他商品零售销售	6%
47.8	通过售货摊和市场进行的零售	6%
47.9	非商店、摊位和市场内的零售贸易	6%
49.1	城际铁路客运	6%
49.2	铁路货运运输	6%
49.3	其他陆路客运	6%
49.4	通过公路和搬运服务货运	6%
50.1	海上或沿海水路客运	6%
50.2	海上或沿海水路货运	6%
50.3	内陆水上客运	6%
50.4	内陆水上货运	6%
51.1	航空客运	6%
51.2	航空航天货运	6%
52.1	仓储	6%
52.2	运输辅助活动	6%
53.1	普遍服务义务下的邮政活动	6%
53.2	其他邮政及速递活动	6%
79.1	旅行社和旅游经营活动	6%
79.9	其他预订服务及相关活动	6%

上述产业可归因于后向联系，通常而言是商业服务和传递模式。例如，据估计，邮政和速递服务中6%的就业和增加值是由杂志、手稿或音像制品等版权材料的交付而产生的。

本研究中，只有因子不低于20%的核心产业和非核心产业才算为版权密集型产业。

13. 气候变化减缓技术密集型产业的确认

除了满足知识产权密集型产业的要求之外，也需要满足与气候变化减缓技术相关的两个标准。

第一个标准是气候变化减缓技术专利相对密度，是指相关欧盟经济活动统计分类的大类产业中每1000个工作人员的气候变化减缓技术专利数：

气候变化减缓技术专利相对密度：

$$\frac{欧盟经济活动统计分类的大类产业中气候变化减缓技术专利数}{欧盟经济活动统计分类的大类产业1000个工作人员}$$

第二标准是产业内气候变化减缓技术专利比重。这设计用来说明产业内专利项目组合中气候变化减缓技术专利重要性：

气候变化减缓技术专利比重：

$$\frac{欧盟经济活动统计分类的大类产业中气候变化减缓技术专利数}{欧盟经济活动统计分类的大类产业的专利数}$$

既是知识产权密集型也是气候变化减缓技术专利密集型的产业，亦即相对气候变化减缓技术专利密度超过至少有一项气候变化减缓技术专利的全部产业的就业加权平均数的产业，详见表13-1，其中包括密度得分和排名。总体上，有38个产业可确认为符合上述标准。这些产业共占全部产业气候变化减缓技术专利的66.5%。

表13-1 气候变化减缓技术密集型产业

排名	欧盟经济活动统计分类代码	欧盟经济活动统计分类对应的具体产业	气候变化减缓技术专利/1000个工作人员
1	28.24	电动手持工具生产	9.02
2	77.40	知识产权及类似产品租赁（受版权保护作品除外）	3.00
3	20.11	工业气体制造	1.77
4	27.20	电池和蓄电池制造	1.62
5	06.20	天然气开采	1.54
6	30.30	航空航天器及相关机械制造	1.40

续表

排名	欧盟经济活动统计分类代码	欧盟经济活动统计分类对应的具体产业	气候变化减缓技术专利/1000 个工作人员
7	24.46	核燃料加工	1.35
8	72.11	生物技术研究与实验开发	1.15
9	20.59	其他食品制造（未在别处分类）	1.03
10	26.51	测量、检验及导航仪器和设备制造	0.98
11	72.19	自然科学和工程学的其他研究与实验开发	0.71
12	21.10	基本医药产品制造	0.71
13	07.29	其他有色金属矿的开采	0.68
14	28.91	冶金机械制造	0.63
15	23.11	平板玻璃制造	0.62
16	24.45	其他有色金属生产	0.59
17	27.90	其他电气设备制造	0.58
18	29.10	汽车制造	0.52
19	24.34	冷拔丝	0.51
20	30.99	其他运输设备制造（未在别处分类）	0.51
21	20.13	其他无机基础化学品制造	0.49
22	22.11	橡胶轮胎和内胎制造、橡胶轮胎翻新和复原	0.44
23	28.25	非家用制冷及通风设备制造	0.42
24	27.51	家用电器制造	0.41
25	26.11	电子元件制造	0.37
26	28.15	轴承、齿轮、传动和驱动部件制造	0.37
27	27.31	光缆制造	0.31
28	29.31	汽车电气和电子设备制造	0.27
29	26.30	通信设备制造	0.24
30	28.95	纸张和纸板制品机械制造	0.24
31	74.90	其他专业、科学和技术活动（未在别处分类）	0.23
32	28.11	发动机和涡轮机制造，飞机、汽车及摩托车发动机除外	0.22
33	28.49	其他机械工具制造	0.22
34	23.19	其他玻璃制造及加工，包括工艺玻璃制品	0.21
35	28.99	其他通用机械制造业（未在别处分类）	0.21
36	29.32	机动车辆其他零件及配件制造	0.19
37	28.96	塑料及橡胶机械制造	0.19
38	30.40	军用战车制造	0.18

属于知识产权密集型产业且气候变化减缓技术专利比重超过至少有一项气候变化减缓技术专利的全部产业的就业加权平均数的产业，详见表13-2。有19个知识产权密集型产业的气候变化减缓技术专利比重超过8.9%的平均数，如果采用气候变化减缓技术专利相对密度标准，这类产业数远远低于该数字。另外，很明显，气候变化减缓技术比重高的产业通常不是气候变化减缓技术专利密度分数最高的产业。总体上，这19个产业占所有欧洲气候变化减缓技术专利的32.4%。

表13-2 气候变化减缓技术专利份额高于平均数的产业

排名	欧盟经济活动统计分类代码	欧盟经济活动统计分类对应的具体产业	气候变化减缓技术专利比重
1	24.46	核燃料加工	73.7%
2	27.20	电池和蓄电池制造	58.0%
3	07.29	其他有色金属矿的开采	46.4%
4	28.11	发动机和涡轮机制造，飞机、汽车及摩托车发动机除外	22.9%
5	20.11	工业气体制造	22.8%
6	30.30	航空航天器及相关机械制造	21.7%
7	28.25	非家用制冷及通风设备制造	19.1%
8	06.20	天然气开采	18.2%
9	29.10	汽车制造	16.1%
10	23.11	平板玻璃制造	14.0%
11	23.65	纤维水泥制造	12.1%
12	71.20	技术测试和分析	12.1%
13	27.11	电动机、发电机和变压器制造	11.7%
14	29.31	汽车电气和电子设备制造	11.6%
15	20.13	其他无机基础化学品制造	11.4%
16	25.30	蒸汽发生器制造，中央供暖热水锅炉除外	10.6%
17	28.96	塑料及橡胶机械制造	10.5%
18	27.90	其他电气设备制造	10.0%
19	46.12	燃料、矿石、金属和工业化学品销售代理	9.9%

参考文献

[1] F. Addor、N. Thumm 及 A. Grazioli（2003 年），《地理标志：工业化及发展中国家的重要问题》,《第 74 号 IPTS 报告》，联合研究中心，https：//www. ige. ch/fileadmin/user_upload/Juristische_Infos/e/IPTS – 74_GIs_English. pdf。

[2] N. Amara、R. Landry、N. Traore（2008 年），《管理知识密集型商业服务中对创新的保护》,《研究政策》，37（9）：1530 – 1547。

[3] 德国联邦环境、自然保护和核安全部（BMUB）（2014 年），《德国制造 4.0 中的绿色技术：德国的环境技术图谱》，德国联邦环境、自然保护和核安全部（BMUB）：柏林，2014 年。

[4] T. Chever、C. Renault、S. Renault、V. Romieu（2012 年），《通过地理标志（GI）保护农产品和食品、葡萄酒、加香葡萄酒和烈酒的价值》，欧盟委托研究报告，欧盟农业和农村发展理事会，2012 年 10 月，http：//ec. europa. eu/agriculture/external – studies/value – gi_en. htm。

[5]《2001 年 5 月 22 日欧洲议会和理事会第 2001/29/EC 号关于协调信息社会中版权和相关权利的若干问题的决议》，http：//eur – lex. europa. eu/LexUriServ/LexUriServ. do？uri = CELEX：32001L0029：EN：NOT。

[6] Economides，N. S.（1988 年），《商标的经济学》,《商标代表》，（78）：523 – 533。

[7] 欧洲专利局及欧盟内部市场协调局（2013 年），《知识产权密集型产业：对欧盟经济表现及就业的贡献》，https：//euipo. europa. eu/tunnel – web/secure/ webdav/guest/document_library/observatory/documents/IPContributionStudy/full_report/joint_report_epo_ohim. pdf。

[8] 欧洲专利局及联合国环境署（2015 年），《欧洲气候变化减缓技术——来自专利及经济数据的证据》，http：//www. epo. org/climate – europe。

[9] H. Ernst（2001 年），《专利申请与后续业绩变化：企业层面跨部门按时间序列分析的证据》,《研究政策30》,2001 年，143 – 157。

[10] 欧洲委员会（2010 年），《欧洲 2020：智能、可持续及包容型增长战略——来自欧洲委员会的看法》，2010 年 3 月 3 日，http：//ec. europa. eu/europe2020/europe – 2020 – in – anutshell/index_en. htm。

[11] 欧洲统计局（2006 年），《统一专利统计的数据产生方法：专利权人名称统一》，http：//epp. eurostat. ec. europa. eu/portal/page/portal/product _ details/publication？ p _ product_code = KS – AV – 06 – 002。

[12] 欧洲统计局（2008 年），《欧洲统计局供应、使用及投入产出表手册》，http：//

epp. eurostat. ec. europa. eu/cache/ITY_OFFPUB/KS – RA – 07 – 013/EN/KS – RA – 07 – 013 – EN. PDF。

[13] 欧洲统计局（2008 年），《欧盟经济活动统计分类第二次修订：欧盟经济活动统计分类》，http：//epp. eurostat. ec. europa. eu/cache/ITY_OFFPUB/KS – RA – 07 – 015/EN/KS – RA – 07 – 015 – EN. PDF。

[14] 欧洲统计局（2010 年），《欧盟经济活动统计分类第二次修订：二位级美国北美产业分类体系 2007 版对照表》，http：//ec. europa. eu/eurostat/ramon/miscellaneous/index. cfm? TargetUrl = DSP_NACE_2_US_NAICS_2007。

[15] C. Fink 及 B. Smarzynska（2002 年），《发展、贸易与 WTO 中的商标、地理标志及发展国家：实用手册》，主编：世界银行 B. Hoekman、A. Mattoo 及 P. English，http：//www – wds. worldbank. org/servlet/WDSContentServer/WDSP/IB/2004/08/19/000160016_20040819140633/Rendered/INDEX/297990018213149971x. txt。

[16] C. Greenhalgh 和 M. Rogers（2010 年），《创新、知识产权与经济增长》，普林斯顿大学出版社，2010 年。

[17] C. Greenhalgh、M. Rogers、P. Schautschick、V. Sena（2011 年），《商标激励》，英国知识产权局委托研究报告，2011 年 7 月，http：//www. ipo. gov. uk/ipresearch – tmincentives – full – 201107. pdf。

[18] B. Hall、D. Harhoff（2012 年），《专利经济学最新研究》，国家经济研究局（NBER）第 17773 号工作文件。

[19] C. Handke（2011 年），《版权的经济效应——经验证据》，国家科学院报告，美国华盛顿特区，http：//sites. nationalacademies. org/pga/step/PGA_063399。

[20] W. Landes、R. Posner（2003 年），《知识产权法的经济结构》，哈佛大学出版社，马萨诸塞州剑桥市。

[21] F. Munari、S. Santoni（2010 年），《探索知识产权机制的互补性：中小企业对专利、商标和外观设计的联合运用》，2010 年 9 月 9 ~ 12 日意大利罗马战略管理学会年会论文。

[22] F. Munari（2012 年），《知识产权（专利、商标和外观设计）的经济学及管理方面文献综述》，未出版手稿。

[23] S. Pinto Ribeiro、S. Menghinello 及 K. D. Backer（2010 年），《经济合作与发展组织 ORBIS 数据库：对经济合作与发展组织内关于公司层面微数据需求的响应》，经济合作与发展组织统计工作文件，2010 年 01 月，http：//www. oecd – ilibrary. org/economics/the – oecd – orbis – database_5kmhds8mzj8w – en。

[24] U. Schmoch（2003 年），《将技术领域与产业领域联系起来：向欧洲委员会作出的最终报告》，欧盟研究总司，ftp：//ftp. cordis. lu/pub/indicators/docs/ind_report_isi_ost_spru. pdf。

[25] F. Schwiebacher（2010 年），《公司如何使用不同形式的知识产权保护：专利与商标是互为补充还是互相替代?》，DRUID – DIME 学会会议论文，丹麦奥尔堡，2010 年 1 月 21 ~ 23 日。

［26］美国专利商标局（2012 年），《知识产权及美国经济：聚焦产业》，2012 年 3 月，http：//www. uspto. gov/news/publications/IP_Report_March_2012. pdf。

［27］世界知识产权组织（2003 年），《版权产业的经济贡献调查指南》，http：//www. wipo. int/export/sites/www/freepublications/en/copyright/893/wipo_pub_893. pdf。

欧洲专利局及欧盟知识产权局出版编辑

德国慕尼黑及西班牙阿利坎特

网址：www. epo. org

网址：www. euipo. europa. eu

设计：欧洲专利局图形设计，慕尼黑

可从以下网站下载完整报告：

www. epo. org/ipr – intensive – industries

www. euipo. europa. eu/ipcontribution